中国珍贵典籍史话丛书

《史记》史话

张大可 ◆ 著

国家珍贵古籍名录·史记

国家图书馆出版社

图书在版编目（CIP）数据

《史记》史话 / 张大可著 .—北京：国家图书馆出版社，2015.6
（中国珍贵典籍史话丛书）
ISBN 978-7-5013-5587-7

Ⅰ. ①史… Ⅱ. ①张… Ⅲ. ①中国历史－古代史－纪传体 ②《史记》－研究 Ⅳ. ① K204.2

中国版本图书馆 CIP 数据核字（2015）第 094899 号

书　　名　《史记》史话
著　　者　张大可　著
责任编辑　景　晶

出　　版　国家图书馆出版社（100034 北京市西城区文津街 7 号）
（原书目文献出版社　北京图书馆出版社）
发　　行　010-66114536　66126153　66151313　66175620
66121706（传真）　66126156（门市部）
E-mail　btsfxb@nlc.gov.cn（邮购）
Website　www.nlcpress.com →投稿中心
经　　销　新华书店
印　　装　北京联兴盛业印刷股份有限公司
版　　次　2015 年 6 月第 1 版　2015 年 6 月第 1 次印刷

开　　本　787 × 1092 毫米　1/16
印　　张　10
字　　数　120 千字
印　　数　1—2000 册

书　　号　ISBN 978-7-5013-5587-7
定　　价　52.00 元

《中国珍贵典籍史话丛书》顾问

（按姓氏笔画排序）：

王　尧	王　素	王余光	史金波
白化文	朱凤瀚	许逸民	吴　格
张忱石	张涌泉	李孝聪	李致忠
杨成凯	陈正宏	施安昌	徐　蜀
郭又陵	傅熹年	程毅中	

《中国珍贵典籍史话丛书》序

书籍是记载人类文明发展历程的重要载体，是传播知识和保存文化的重要途径，它蕴藏着丰富的历史文化内涵，是人们汲取精神营养和历史经验的重要来源，在民族兴衰和文化精神的传承维系中，发挥着不可替代的作用。

《尚书·多士》云："惟殷先人，有册有典。"在中华民族数千年的岁月里，人们创造出浩如烟海的典籍文献。这些典籍是中华文明的结晶，是民族生存的基石和前进的阶梯。作为人类发展史上最有价值的文化遗产之一，中国古代典籍是构成世界上唯一绵延数千年未曾中断的独特文化体系的主要成分。

然而，在漫长又剧烈变动的历史中，经过无数次的兵燹水火、虫啮鼠咬、焚籍毁版、千里播迁，留存于世间的典籍已百不遗一。幸运的是，我们这个民族具有一种卓尔不群的品质：即对于文化以及承载它的典籍的铭心之爱。在战乱颠沛的路途上，异族入侵的烽火里，政治高压的禁令下，史无前例的浩劫中……无数的有识之士，竭尽他们的财力、智慧乃至生命，使我们民族的珍贵典籍得以代代相传，传承至今。这些凝聚着前人心血的民族瑰宝，大都具有深远的学术影响、独特的艺术魅力和突出的文物价值，是今天人们了解和学习我国优秀传统文化的宝贵实物资料。它们记载着中华民族的辉煌历史和灿烂文化，诉说着中华民族的百折不挠、临危不惧的民族精神，是先辈留给我们的宝贵精神财富。

新中国成立以来，党和国家高度重视典籍文献的保护工作。2007 年启动实施的“中华古籍保护计划”，由国家古籍保护中心（国家图书馆）负责实施，成效显著，在社会上产生了极大的反响。迄今为止，已由国务院陆续公布了四批《国家珍贵古籍名录》，收录了全国各类型藏书机构和个人收藏的珍贵古籍 11375 部，并拨付专项资金加以保护。可以说，这是一项前所未有的伟大事业。

尽管我国存世的各种典籍堪称汗牛充栋，但为典籍写史的著作却少之又少，许多典籍所蕴含的历史故事鲜为人知，如果不能及时加以记录、整理，随着时代的变迁，它们难免将逐渐湮没在历史长河中，成为中华文明传承中的一大憾事。为此，2012 年底，国家图书馆启动了“中国珍贵典籍史话丛书”项目，旨在“为书立史”“为书修史”“为书存史”。项目由“中华古籍保护计划”支持立项，采取“史话”的形式，选择《国家珍贵古籍名录》中收录的蕴含着丰富历史故事的珍贵典籍，用通俗的语言讲述其在编纂、抄刻、流传、收藏过程中产生的引人入胜、启迪后人的故事，揭示其与当时的政治、经济、文化和社会发展的密切关系，力图反映中国书籍历史的辉煌与灾厄、欢欣与痛楚。通过生动、多样、丰满的典籍历史画面，使人们更深入地了解和认识典籍，领略典籍的人文精神和艺术魅力，感受中华文化的深厚底蕴。

中华优秀传统文化是我们最深厚的文化软实力。“中国珍贵典籍史话丛书”是以人们喜闻乐见的方式弘扬中华民族博大精深的灿烂文化，使书写在古籍里的文字活起来的一次有益尝试。丛书力求为社会公众提供普及读物，为广大文史爱好者和从业人员提供学习资料，为专家学者提供研究参考。其编纂主要遵循两个原则：一是遵循客观，切近史实。本丛书是关于典籍的信史、正史，而非戏说、演义。因此，每一种史话都是作者钩沉索隐、多方考证的结果，力求言之有据，资料准确，史实确凿，观点审慎；二是通俗生动，图文并茂。本丛书旨在让更多的人了解和热爱中华典籍，通过典籍深入理解中华文化。相对于一般学术著作，它更强调通俗性和生动性，以史话的方式再现典籍历史，雅俗共赏，少长咸宜。

我们真切地希望，通过这套丛书，生动再现典籍的历史，使珍贵典籍从深闺中走出来，进入公众的视野，走进每位爱书人心中，教育和启迪世人，推动“关爱书籍，热爱阅读”的社会风气的形成，让承载着中华文明的典籍在每个人心中长留悠远的书香，为提升全民族文化素养、推动传统文化与时代精神的融合发展做出积极贡献。

“中国珍贵典籍史话丛书”项目自启动以来，得到了社会各界的广泛关注和专家学者的大力支持。一批有较高学术造诣的专家学者直接参与了丛书的策划和撰稿工作，并对丛书的编纂工作积极建言献策，给予指导。借此机会，深表感谢。以史话的形式为书写史，尚属尝试，难免有疏漏、不妥之处，敬请专家学者批评指正，也欢迎广大读者提出宝贵意见和建议。

韩永进

2014 年春于北京

目　　录

司马迁像

陕西省韩城市司马迁祠墓

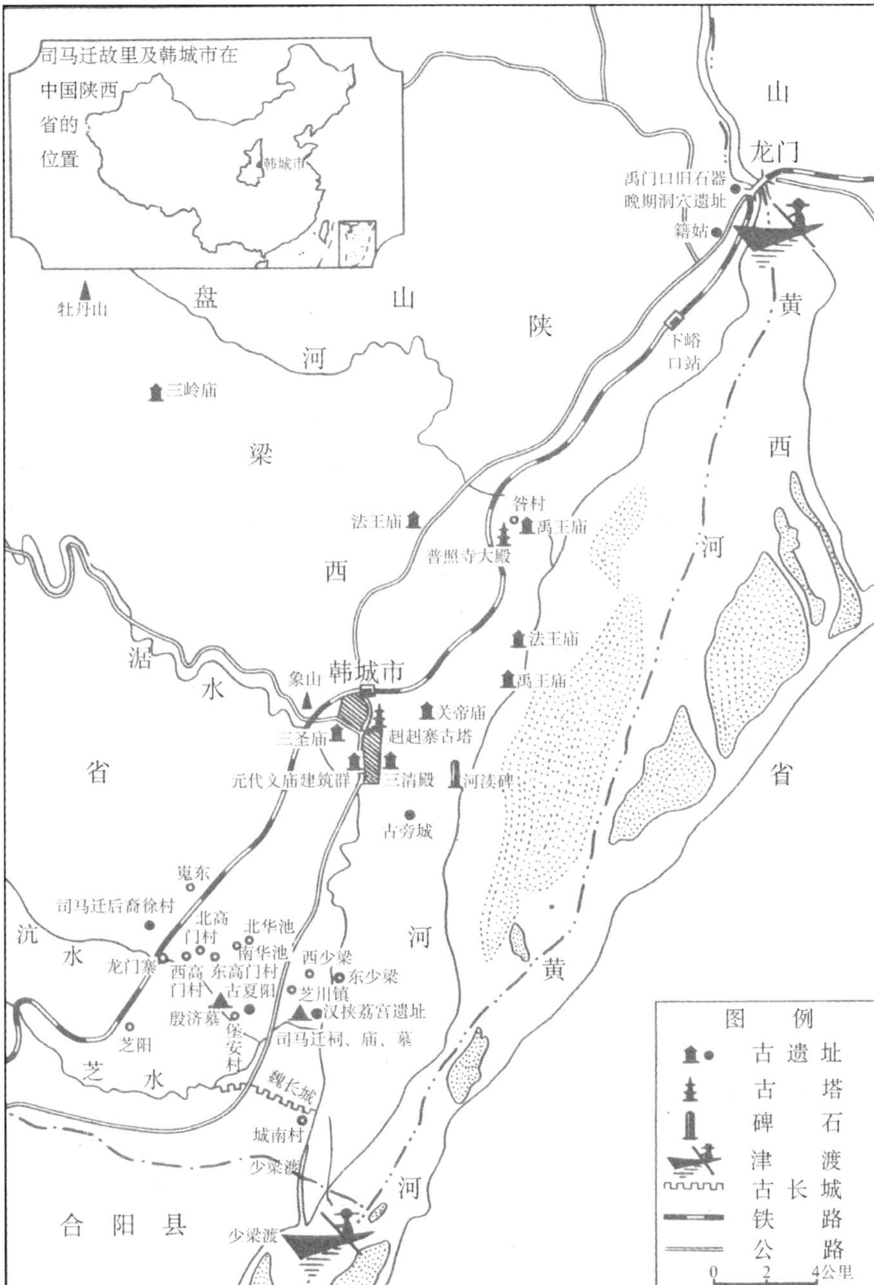

司马迁故里及韩城市古迹分布图

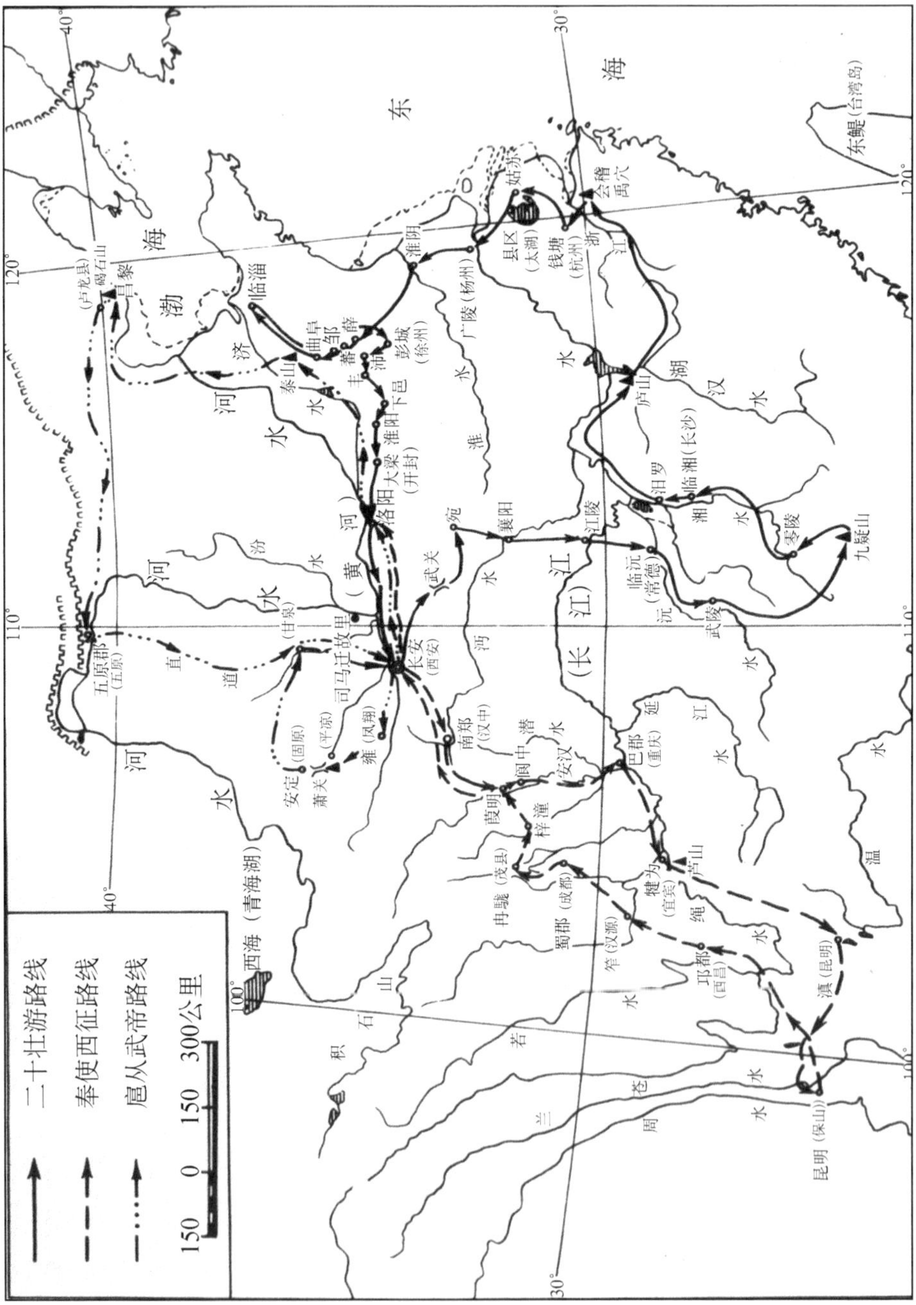
二十壮游路线
奉使西征路线
扈从武帝路线
150 0 150 300公里
东
海
渤
海
长安
洛阳
大梁
临淄
淮阴
广陵（杨州）
江陵
襄阳
巴郡
九疑山
庐山
泰山
昆明
西海（青海湖）
五原郡
碣石山
会稽
东鳀（台湾岛）

司马迁旅行路线图

引 言

《史记》是我国第一部纪传体通史，西汉司马迁撰。

司马迁，字子长，西汉左冯翊夏阳（今陕西韩城芝川镇）人。他生于汉景帝中元五年（前145），卒于昭帝之初（前86年左右），享年约六十岁（从王国维说）。司马迁的一生恰与雄才大略的汉武帝相终始，正值西汉鼎盛时期，也是中国封建制度确立以后的第一个盛世，政治、经济、军事、文化各方面都出现了空前蓬勃的发展局面。司马迁降生在这个盛世，完成了空前的历史巨著，正是应运而生。

《史记》是一部体系完整、规模宏大、气势磅礴、见识超群的历史巨著，并且是传记文学的典范。两千多年来有不可胜计的中外学者阅读它和研究它，都给予了崇高的评价，从而形成了一个专门的学术体系，即“史记学”。随着历史的推移，

陕西省韩城市司马迁广场上的司马迁铜像

《史记》之树生命长青，日益走向普及，成为中国人的一部国学根柢书。《史记》一书的体例内容、文献价值、成书条件、流传情况、作者经历，以及对中国和世界的影响，这些常识，对于雅爱《史记》的人，具有重要意义，可以起导读的作用。这本《史记史话》就是为此目的而写的小册子。

第一章　史官世家

一、源远流长的史官家世

1. 司马迁故里

古老的黄河，源远流长。它是中华民族的摇篮，是五千年华夏悠久历史的见证。黄河之水天上来，在它穿行的黄土地上，不知诞生了多少灿若星辰的人物。我国西汉时期的伟大历史学家、文学家和思想家司马迁，就是诞生在黄土高原、黄河之滨的一颗文化巨星。司马迁的诞生地——陕西韩城市，是一座有着悠久文化历史的古城。这里几乎村村有文物，单是保存到今天的元代建筑群，如戏楼、牌楼等，就有一百四十四处之多，使人目不暇接。司马迁故里在这古城西南十八里的高门原。按中华民族的传统习俗，叶落归根，人死归葬故里。司马迁祖茔在韩城西南十八里的嵬东乡华池、高门两村。华池、高门两村紧邻相连[①]，同在高门原。如今人口发展，华池分为南、北两村，高门分为东、西、北三村。司马迁七世祖司马靳墓在北华池村，原有土坟一座，1958 年平坟整地被夷平。东、西、北高门三村在原上巍然鼎立。在东高门村南洞门楼上，嵌有石刻“太史故里”四个大字。在东、西高门之间，有清薛廷枋等所立司马迁祖茔双碑。双碑立于

① 华池距韩城十七里，高门距韩城十八里。华池、高门两村相距一里。

陕西省韩城市芝川镇司马迁祠

东高门村西南约数十米，坐西向东。双碑并立，相距数尺。其南碑上首横刻小字“汉太史先茔”，中间竖刻大字“汉太史司马公高门先茔”，左边竖刻小字“儒学增广生员薛廷枋立”。碑阴刻有“汉太史司马公高门先茔记”。立碑时间为“嘉庆十七年岁次壬申十月谷旦”。碑阴鲜明记载：“昌以下葬者三冢，今则巍然者仅存。”“高门三冢”指司马迁高祖司马昌、曾祖司马无泽、祖父司马喜三世墓，也在1958年平坟运动中被夷为平地，如今只有双碑并立于田野。

2. 芝川司马迁祠墓

司马迁祠墓在韩城南二十二里（黄河西岸）的司马坡上，如今属芝川镇，在镇南二里。《括地志》云：“夏阳故城东南有司马迁冢，在高门原上也。”可见，司马坡在古代也泛称高门原。司马坡与华池、高门相距约八里，古夏阳城在两地之间。夏阳城遗址在司马迁祠西北约四里的今嵬东乡堡安村，有“夏阳旧址”石碑。在堡安村的古城楼上，镌刻着“韩原要冲”四个大字。1982 年 2 月 23 日，国务院批准司马迁祠为全国重点文物保护单位。司马迁生前凄凄惨惨，死后冷冷清清的局面已成为历史。如今，司马迁研究已成为学术界的热门课题，《史记》日益走向普及。司马迁故里已成为旅游胜地，每年都吸引着成千上万的中外游人来此观瞻。1958 年春，我国现代著名文史学家郭沫若欣闻司马迁祠修整竣工，激情满怀，挥毫泼墨，写了一首五律赞颂司马迁。诗云：

龙门有灵秀，钟毓人中龙。
学殖空前富，文章旷代雄。
怜才膺斧钺，吐气作霓虹。
功业追尼父，千秋太史公。

2012 年 11 月中国传记文学学会在韩城市召开《史记》传记国际学术研讨会，本书作者张大可（右一）与参会学者在司马迁墓前考察交流

这首五律，对司马迁的学识、文章、人格、事业，作了高度评价。郭老手迹潇洒奔放，刻成诗碑，立于太史祠，给司马迁故里增添了无限神韵。

司马迁祠墓所在地司马坡是一块风水宝地，当是司马迁生前自选的墓地。司马迁受腐刑，按古人习俗，死后不得入祖茔，故司马迁自选了离祖茔不远的司马坡。司马坡所在芝川镇靠近黄河。西安至韩城的西韩公路穿镇而过。这里川宽土肥，盛产粮棉，人物殷阜，镇上居民千余家。芝水流经镇旁，故以芝川为镇名。芝水古称陶水，相传汉武帝巡行曾在此水边采得灵芝草而得名芝水。在司马迁祠西芝水北岸吕庄，原来建有“灵芝庵”，庵内竖有石碑，碑刻“汉武帝采灵芝草于此”九个大字。现在庵和石碑皆已无存。《史记·淮阴侯列传》载韩信葬母：“行营高敞地，令其旁可置万家。”《史记·樗里子列传》载：“樗里子卒，葬于渭南章台之东，曰：后百岁，是当有天子之宫夹我墓。”《史记·吕不韦列传》载，秦庄襄王葬芷阳，其母“故夏太后独别葬杜东，曰：东望吾子，西望吾夫。后百年，旁当有万家邑”。这些记载可为司马迁好奇，自选葬地于司马坡之佐证。这里地形高敞突立，西望祖茔，东瞰黄河，亦是一奇。芝川镇的兴起，在司马迁祠墓旁，虽无万家邑，也是千家邑。在司马迁祠墓山脚东南数百米处，有一临河高台，东西与南北各约三百米，这里就是汉武帝临河息辇的夏阳扶荔宫遗址所在地。夏阳扶荔宫是汉武帝三年一次祭祀后土驻跸的行宫，司马迁生前伴圣驾衣锦还乡，该有多么风光！司马迁死后长眠在夏阳扶荔宫旁，不也是十分惬意的么！司马坡下，芝水绕流。芝水入河口，即古少梁渡，后改名夏阳津。公元前 205 年汉将韩信以木罂从此渡河擒魏王豹。历史遗迹也给司马坡增添了无尽的风采。以司马迁之雄奇豪放，他选定司马坡为葬地，可以说是感情与理性的自然归宿。

司马迁墓为圆形八卦冢，用青砖砌成，高 2.5 米，直径 5 米，乃元世祖至元十二年 (1275) 所重修，距今已七百余年。墓碑是清乾隆年间毕沅所题“汉太史公之墓”。冢上有一棵奇特的五枝参天大古柏，形若龙蟠，“晴则翠色凌岚，阴则同云涵绿，风则波涛汹涌，雨则叆叇莹溶，雪则白贲堆琼”[①]，变化出神，宛若《史记》文章之雄奇壮丽，观者莫不流连叹惋。

3. 源远流长的史官家世

司马迁在《太史公自序》中追述司马氏世系，源远流长，始祖为唐虞之际的重黎氏，历唐虞夏商，世典天官，至周世典周史，这是司马谈自认最为光荣的家世，即史官世家。司马谈引为自豪，表明他以修史为己任，是一个自觉的历史家，并以此教育司马迁。其实，司马氏之姓来源于西周宣王时一位辅佐王室中兴的将军，封于程，伯爵，名叫休甫，史称程伯休甫，做了掌军事的司马，其后子孙称司马氏。司马氏远祖世系盖世代口碑传说，程伯休甫系重之后还是黎之后，司马迁不能明，而统言之“重黎之后”。颛顼之世，重、黎为二人。重为南正，古代天官，观星象，定历法。黎为北正，古代地官，执掌农事。先秦典籍《尚书·吕刑》《左传》《国语》等书都记载有关重、黎二人在颛顼之时分司天地的传说。

周惠王、襄王时，王室内乱，司马氏离开周王室到了晋国。晋由盛转衰而至灭亡，司马氏再度分散，著名的有三支，各支都出了许多名人。一支在卫，这一支的名人司马喜做了中山国的相。一支在赵，有一个司马凯因传授剑术而扬名。战国后期那个著名的剑客司马蒯聩就是司马凯的子孙。司马蒯聩第十五代孙就是西晋王朝的建立者司马懿。一支在秦，居住在少梁，这一支是司马迁的祖先。秦惠王时出了一个名将司马错，被秦惠王委

① 乡贤郭宗傅：《重修司马公祠记》，载［万历］《韩城县志》卷八。

为伐蜀大将。司马错攻下蜀国后做了那里的留守。司马错的孙子司马靳，做了武安君白起的副将，公元前 260 年秦赵长平之战，司马靳与白起并肩作战。公元前 257 年，司马靳和白起同时在杜邮被秦昭王赐死。司马靳的孙子司马昌，做了秦国的铁官。司马昌之子司马无择做了汉长安市管理市场的市长，用今语，即工商总局局长。司马无择生司马喜，爵为五大夫。司马昌、无择、喜三代死后都埋葬在华池西高门原。司马喜生司马谈，司马谈做了汉武帝时的太史令。据上所述，表列司马氏家谱世系如下：

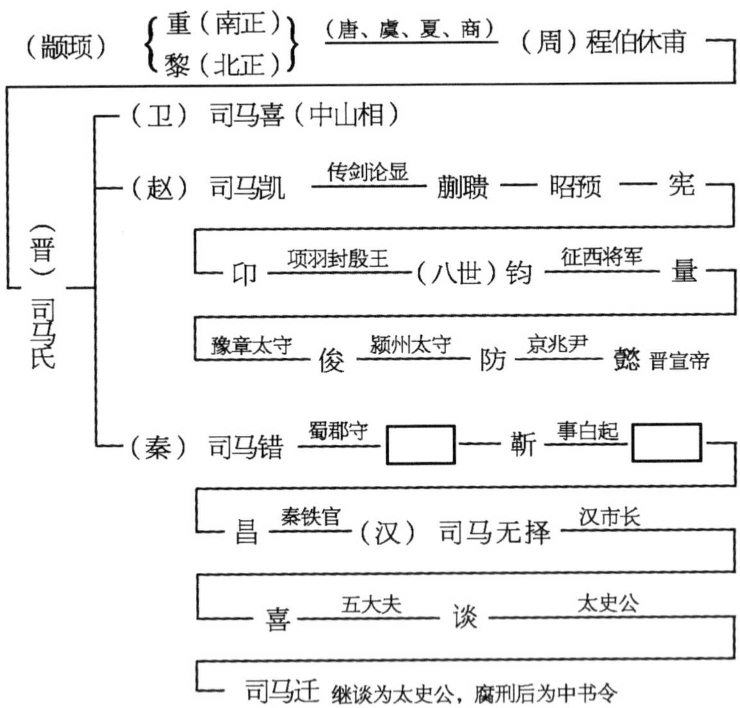

二、司马迁多彩的人生

多彩的人生造就了司马迁文化巨人的坚实基础。

1. 家学渊源

春秋战国及秦汉之际的时代大变革造就了许多杰出的人才。司马氏家族适应时代变迁，从事政治、军事、剑客、经济等活动，在各个领域都有杰出人物产生。西周程伯休甫、秦国司马错都是名将。司马昌、司马无择两代分别任秦国的大铁官和西汉长安市“工商总局局长”，是经济官。这些是司马迁得以继承兵学、经济学的家学渊源。给予司马迁影响最大的是其父司马谈。司马谈不仅苦心孤诣培养司马迁成才，还重振天官学，复兴和发扬了史官世家的遗风，发凡起例《太史公书》，本书留在第二章详说。为了培养司马迁接班修史，司马谈没有把他带在身边去染习仕途经济的学问，反而割爱留他在乡间耕读，让童年、少年时代的司马迁接受独立生活的锻炼，不能不说是深谋远虑，识高一筹。司马迁亦自觉地接受父亲的安排，很好地经受了耕牧苦读的考验，所以才在《太史公自序》中特地大书一笔，说：“迁生龙门，耕牧河山之阳，年十岁则诵古文。”这三句话一气呵成，并在《太史公自序》中书于司马谈《论六家要旨》之后，下接“二十而南游江、淮”。这种行文安排是司马迁的匠心独运。这三句话的内容是一组特写，语调是高昂的，自豪的。“迁生龙门”，人杰地灵；“耕牧河山之阳”，特殊的修养；“年十岁则诵古文”，聪明绝伦。《太史公自序》紧接上述三句话之前，还有这样的话头：“有子曰迁。”这“有子曰迁”四个字，说明司马迁为独生子。司马谈出仕在京师，而把独生子留在了乡间接受特殊的锻炼，忍受亲情的煎熬，这要付出多大的勇气！司马迁也没有辜负严父的栽培，把“耕牧”和“苦读”自觉地作为修身养性的一课而认真地执行，十岁能诵古文，还在耕牧中练就一身好体魄，为二十壮游打下了坚实的基础。

2. 司马迁的师承与交谊

汉武帝时代，有几位影响深远的大学问家。一位是今文学大师董仲舒，一位是古文学大师孔安国，还有一位是天文学大师唐都，均因司马谈的关系，司马迁能有幸拜在他们门下。司马谈《论六家要旨》，把先秦诸子百家学说归并为儒、墨、名、法、阴阳、道六家，认为六家学说皆有益于治，表明司马谈不墨守门户，有博大胸怀，海纳百川，所以让司马迁既学古文，又学今文。司马迁出仕为郎，又与大文学家严安、庄助、枚乘及上大夫壶遂等为友，并受到他们的文学修养熏陶。司马迁师承大师，与时贤为友，所得良师益友之助，古代没有第二个人。

3. 二十壮游

汉武帝元朔三年（前126），司马迁二十岁，正当盛年，怀抱着凌云壮志，承父命交游全国，“网罗天下放失旧闻”，首创走出书斋读无字之书之先例，向社会作调查。后人总结为“读万卷书，行万里路”，是大学问家不可或缺的修养。司马迁此行了解和搜求了古代与当时的历史传说故事与各种史料，经历了许多磨难，并在《史记》中留下了许多生动的记载。

司马迁壮游的范围重点在南方，故自述为“二十而南游江、淮”。司马迁从京师长安出发东南行，出武关至宛。南下襄樊到江陵。渡江，溯沅水至湘西，然后折向东南到九疑。窥九疑后北上长沙，到汨罗屈原沉渊处凭吊。越洞庭，出长江，顺流东下。登庐山，观禹疏九江，辗转到钱塘。上会稽，探禹穴。还吴，游观春申君宫室。上姑苏，望五湖之后，北上渡江，过淮阴，至临淄、曲阜，考察了齐鲁地区的文化，观孔子遗风。然后沿着秦汉之际风起云涌的历史人物的故乡，楚汉相争的战场，经彭城，历沛、丰、砀、睢阳至梁（今开封），回到长安。

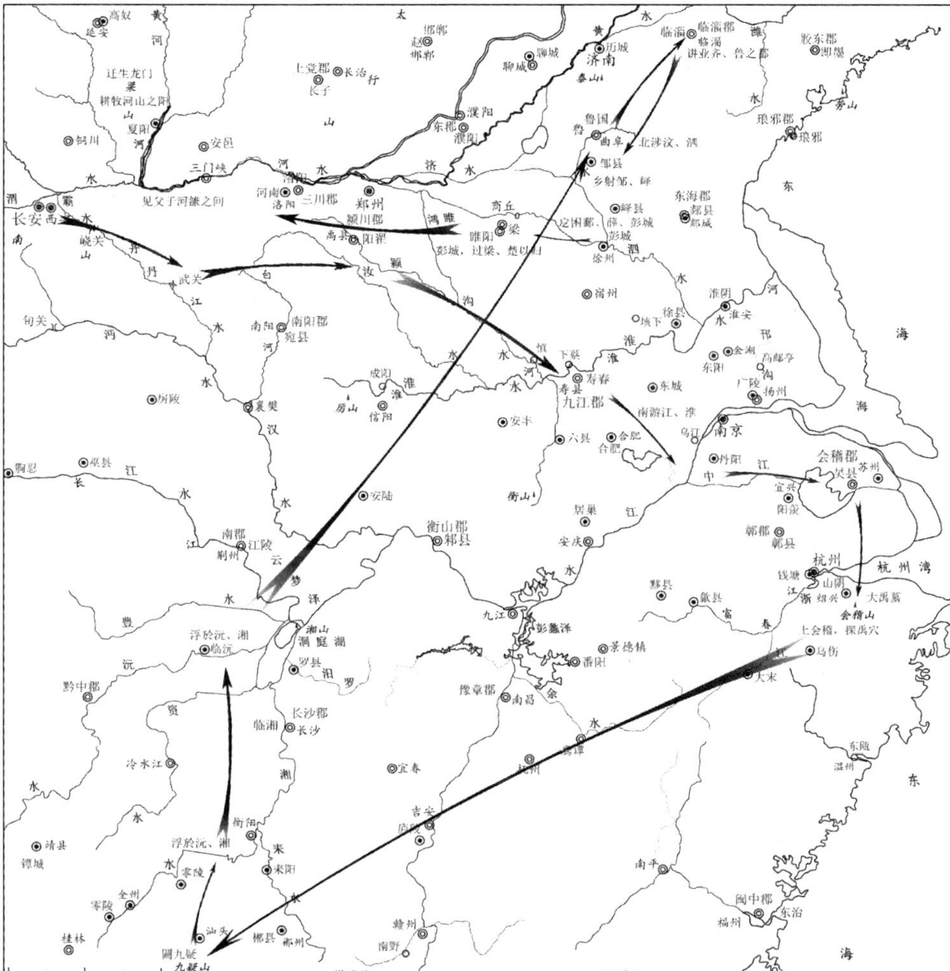

司马迁二十壮游行踪图

司马迁游历考察，兼有历史家和文学家的兴趣。对于历史事件，大至秦始皇的破魏战争，小至战国时一个城门的名字，他都要力求掌握第一手资料。除历史事件外，有关人物遗事、生动的民间歌谣、俚语，无不作了广泛的记载。至于山川地理、古今战场更是了然于胸。顾炎武评介说："秦汉之际，兵所出入之途，曲折变化，唯太史公序之如指掌。山川郡国不易明，故曰东曰西曰南曰北，一言之下，而形势了然。盖自古史书兵事地形之详，未有过此者。太史公胸中固有一天下之势，非后代书生之所能讥也。”（《日知录》卷二十六）这是司马迁在史事方面所得游历之助。苏辙云：“太史公行天下，周览四海名山大川，与燕赵间豪俊交游，故其文疏荡，颇有奇气。岂尝执笔学为如此之文哉？其气充乎其中而溢乎其貌，动乎其言而见乎其文，而不自知也。”（参见《栾城集》卷二十三）这是司马迁在文章辞采风格方面所得游历之助。总之，司马迁二十壮游，不仅使他获得了广博的社会知识，搜求了大量的遗文古事；而且开阔了视野，放宽了胸怀，增长了识见和才干。王国维称为“宦学之游”。这是《史记》成功的条件之一，是值得我们借鉴的。

4. 入仕郎中

郎中是职别最低的郎官，即作为皇帝的贴身卫队，其职责是“掌守门户，出充车骑”。“掌守门户”，指在宫中为皇帝看门的卫队；“出充车骑”，指皇帝出行，郎官作为前呼后拥的仪仗。

郎官又是国家的官吏储备系统，没有定员，多至上千人。积资有年，郎官外出，到地方任县长、副县长；到朝中各部，任令丞，级别相当于今天的正副处级到司局级。

郎官有四个等级：议郎、中郎、侍郎、郎中，由高官子弟充任，一般是二千石高官，即相当于现在的正部级、副部级的子弟方能入选，一部分来自地方推荐上来的富人子弟。郎官制度称为恩荫。在皇帝身边的中级官员，子弟也可以得到恩荫。司马迁父亲司马谈为太史令，六百石，只相当于现在的正处级，但太史令要观天象，列席朝廷议政，起草礼仪制度，得以接近皇帝，因此，司马迁得到恩荫，为最低一级的郎官。

司马迁才能卓著，善写文章、作赋；汉武帝能文能武，也是写文章、作赋作歌的高手。汉武帝把全国青年文学高手吸收入郎官卫队中，司马迁因其才华横溢得到武帝赏识。元鼎六年（前 111），司马迁 35 岁，被汉武帝任命为郎中将，为出使云南、贵州的钦差大臣，到“西南夷”地方去设郡置吏。

5. 奉使西征

奉使西征巴蜀以南，是青年司马迁出仕郎中后所做的第一件大事。元鼎六年武帝发兵征“西南夷”（今云、贵两省及四川西部地区），派司马迁以郎中将的职衔去监军，并设郡置吏，也就是当钦差大臣。司马迁在这

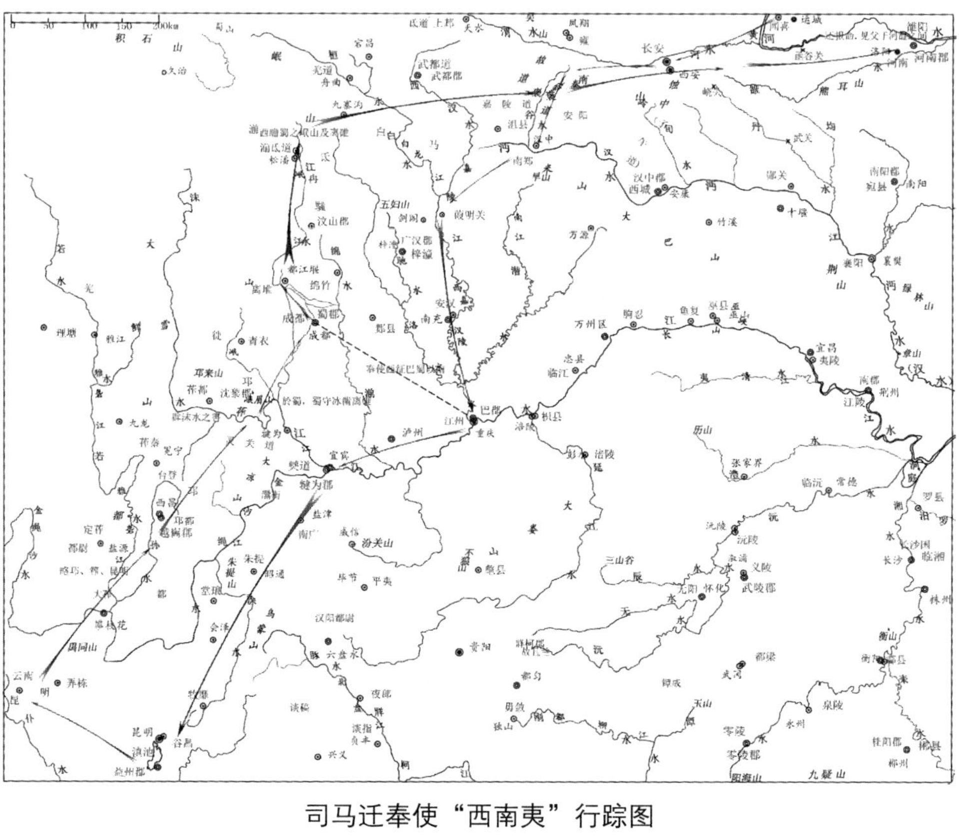

司马迁奉使“西南夷”行踪图

一地区生活和工作了半年多时间，设置了武都、牂柯、越嶲、沈黎、文山等郡。由于是安抚新区少数民族，司马迁提出了“以故俗治”的办法，开创了尊重少数民族风俗习惯的施政大纲，承认少数民族的自治权利，是了不起的先进思想。三国时诸葛亮平定南中，治理办法就是依据司马迁的“以故俗治”。《史记》首创民族史传，等列少数民族为天子臣民，这与司马迁奉使西征的这一生活体验是分不开的。

6. 扈从武帝

汉武大帝

司马迁一生与汉武帝相始终，两人同是西汉大一统时代的英雄。汉武帝雄才大略，创造了许多威武雄壮的历史活剧。司马迁满腹经纶，用如椽大笔，栩栩如生地描绘了这个大时代。汉武帝四出巡行郡县，走遍大江南北、长城内外，司马迁随行，也走遍祖国大地，是为“扈从之游”。汉武帝好文学，能诗能赋，建立乐府，采集歌谣，以观民风，并且还网罗东方朔、枚皋、严助、吾丘寿王、司马相如等一大批文人学士在身边，君唱臣和，充满了浪漫情怀与豪放气派。司马迁时值年少，后生晚辈置身其间，才华横溢，深得汉武帝亲信而为文学侍从。此时司马迁得意非凡，“仆以为戴盆何以望天，故绝宾客之知，忘室家之业，日夜思竭其不肖之材力，务壹心营职，以求亲媚于主上”（《报任安书》）。这说明，对于扈从生活，司马迁还是非常珍惜的。

扈从武帝，使司马迁跻身于封建中央王朝中枢，了解到了大量机密，

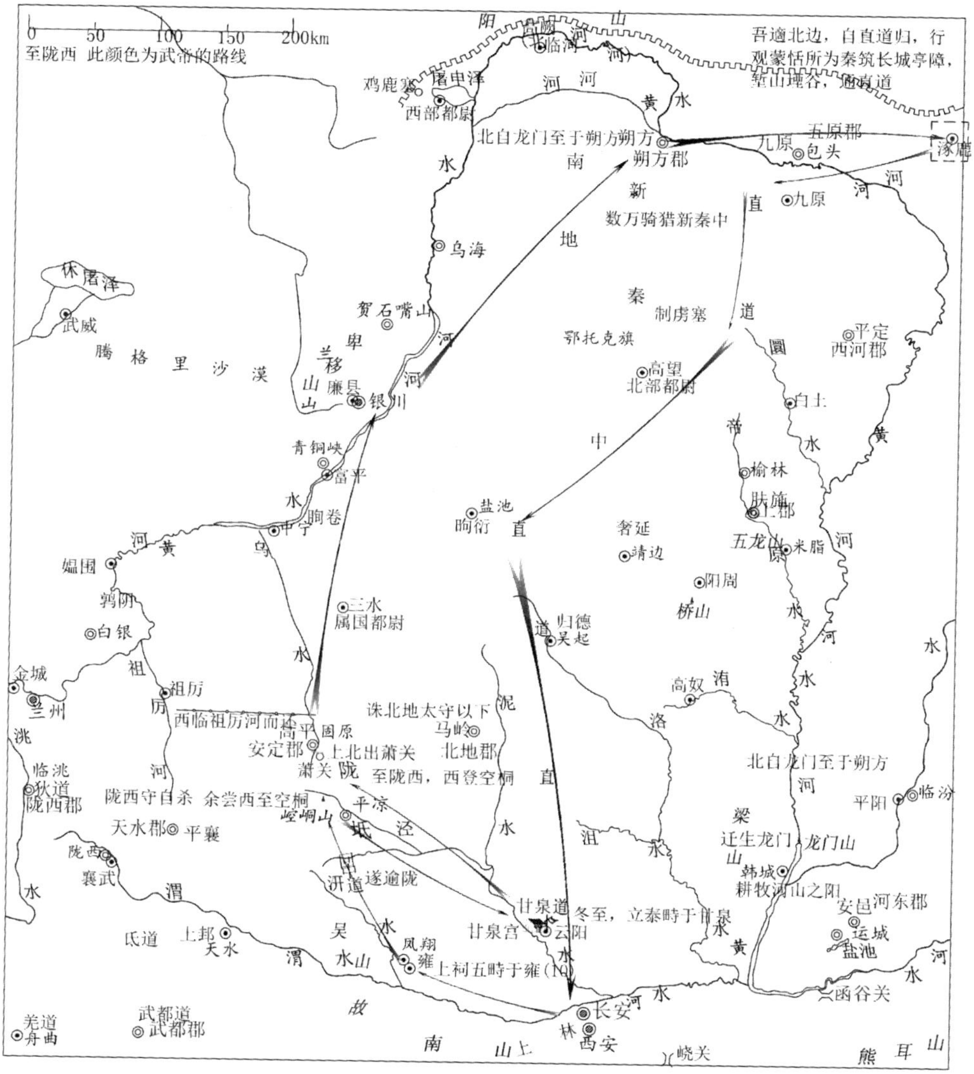

司马迁扈从武帝行踪图

像“入寿宫侍祠神语”这类触及武帝隐私与心理的生活经历，“其事秘，世莫知”，司马迁也得以参与。这些生活经历，是司马迁写《孝武本纪》和《封禅书》等篇的基础。元鼎四年（前 113），汉武帝首次大规模出巡，周游河洛，观省民风，十分排场。元鼎五年，汉武帝西登空桐，北出萧关，带数万骑打猎于新秦中，场面十分雄伟壮观。扈从汉武帝的司马迁，在观赏过这盛大的场面之后，必将激发其无限的豪情。司马迁擅长大场面的描写，是和他几十年扈从武帝的豪放巡游分不开的。司马迁扈从武帝，使他深深地呼吸着大一统时代的新鲜气息。

第二章　《史记》成书

本章评说《史记》的创作过程和产生的历史条件。从以下三方面来谈：

一、司马谈发凡起例

《史记》原题《太史公书》，表示为太史公所作之书，至东汉桓、灵之际才演变成为《史记》之名的。司马谈官太史令，最崇高的理想就是继孔子，效《春秋》，完成一代大典，写一部贯通古今的通史，颂扬汉家一统的威德。司马谈的写作宗旨，《太史公自序》作了明确的交代。司马谈临终遗言说：

> 夫天下称诵周公，言其能论歌文、武之德，宣周、邵之风，达太王、王季之思虑，爰及公刘，以尊后稷也。幽、厉之后，王道缺，礼乐衰，孔子修旧起废，论《诗》、《书》，作《春秋》，则学者至今则之。自获麟以来四百有余岁，而诸侯相兼，史记放绝。今汉兴，海内一统，明主贤君忠臣死义之士，余为太史而弗论载，废天下之史文，余甚惧焉，汝其念哉！

上述司马谈的这段遗言，可条列其发凡起例的宗旨有三端：一曰效周公“歌文武之德”；二曰继孔子效《春秋》“修旧起废”，为后王立法，为人伦立准则；三曰颂汉兴一统，论载“明主贤君忠臣死义之士”。合此三端，即以人物为中心，帝王将相为主干，颂一统之威德，这正是秦汉中央集权政治在学术思想上的反映。《论六家要旨》为司马谈所作述史宣言，倡导融会百家思想为一体，自成一家之言。这些也就是《史记》的本始主题。

司马谈仕于建元、元封之间，酝酿构思早已孕育于胸中。他学天官于唐都，受《易》于杨何，习道论于黄子，就是为述史作准备。元朔七年，汉武帝获白麟，作《白麟之歌》，并改元为元狩元年（前 122）。当时人们认为这是一件了不起的大事，因文成致麟，象征天下太平。司马谈激动非凡，决定述史下限止于元狩元年，示意绝笔于获麟。所以元狩元年是司马谈正式述史之始。《太史公自序》载，“于是卒述陶唐以来，至于麟止”，就是司马谈的作史计划。上限起于陶唐，则是效法孔子述《尚书》起于尧。司马谈追步孔子的意识是十分鲜明的。司马谈卒于元封元年（前 110）。从元狩元年至元封元年，已历十二年，司马谈作史，应有相当的规模，或已成若干篇章。据昔贤今人的考论，司马谈作史达三十七篇，五体皆备。《孝文本纪》《天官书》《封禅书》《刺客列传》《太史公自序》等篇留有司马谈作史痕迹。司马谈发凡起例《太史公书》，这本身是一个伟大的业绩，无论怎么评价都不过分。司马谈重整了司马氏史官世家绝学，是一个自觉的历史家。但《史记》最后完成于司马迁之手，司马谈的著述被剪裁熔铸在《史记》的定稿之中，因此今本《史记》一百三十篇是不容分割的一个整体，《史记》著述代表者只能有一人焉，曰司马迁，如同《汉书》著述代表者为班固一样。《史记》与《汉书》均是父子相承之作，是两代人的共同结晶。

二、司马迁完成一代大典

1. 司马迁受父遗命接力潜心修史

元封元年夏初的四月，正是鲜花如锦的烂漫时节，封禅大典就要在泰山之巅举行。司马谈作为参与制定封禅礼仪的史官，该是何等的激动。可惜他因病留滞周南（今河南洛阳），未能参与。这时司马迁正好从奉使西征的西南夷前线赶回来参加这稀世罕有的大典，行到洛阳，见到了生命垂危的父亲。司马谈在弥留之际，拉着司马迁的手，流着痛苦的眼泪遗命司马迁，以尽忠尽孝的大义激励司马迁，要司马迁发誓继任太史令完成一代大典。太史令秩六百石，当今正处级，而当时司马迁以郎中将职衔奉使归来，已是秩一千石，当正司级，又侍从汉武帝，仕途如花似锦。曾子有言："鸟之将死，其鸣也哀；人之将死，其言也善。"[①] 司马谈发出了悲怆的叹息，他说："世传史官的司马氏之业，难道就要断送在我的手里吗？"可以体察出，司马谈这位执着的历史家，未能亲手完成修史计划是多么的憾心！他慨叹命运而绝不屈服于命运，他遗命儿子司马迁来实现修史壮志。司马迁的心灵受到震动，他低着头，流泪呜咽，恳切地向父亲立下誓言。司马迁说："小子不敏，请悉论先人所次旧闻，弗敢阙。"司马谈临终的一幕，给予司马迁的刺激是太深刻了。所以他的记述是那样的激情满怀。司马迁也果真牢牢记住了司马谈临终的伟大遗命，时常叨念"先人有言"。司马迁守丧三年，到了元封三年已三十八岁，无论是阅历，还是修养，均走向成熟。他遵从父亲遗言继任太史令。《太史公自序·索隐》引《博物志》云："太史令茂陵显武里大夫司马迁，年二十八，三年六月乙卯除，六百

---

① 《论语》第八《泰伯》。

石。”“年二十八”为“年三十八”之误。“三年六月乙卯除”，即元封三年六月初二日，司马迁为太史令。

司马坡山脚下的司马迁祠牌楼

太史令虽然职位卑微，但却是皇帝身边最重要的历史顾问，重大制度的兴革和典礼仪节均有太史令参加讨论。司马迁为太史令第五年，即太初元年（前104），汉武帝颁布了新历，定名《太初历》，并改年号为太初，改历是封禅活动的继续。封禅象征新王朝受命于天地，改历象征受命的完成。汉武帝完成封禅改历是划时代的壮举，意义非凡。司马迁躬逢其时，参与其事，激动不已。他想起了父亲的遗训，仿佛像洪钟一样在耳边响起：“先人有言：‘自周公卒五百岁而有孔子。孔子卒后至于今五百岁，有能绍明世，正《易传》，继《春秋》，本《诗》、《书》、《礼》、《乐》之际？’意在斯乎！意在斯乎！小子何敢让焉！”（《史记·太史公自序》）

于是论次其文。司马迁按历史事势的发展，修正了司马谈的作史计划，延伸上限起于黄帝，下限至太初年间。所以《太史公自序》留下了两个断限的记述。“于是卒述陶唐以来，至于麟止”，是司马谈的计划，“余述历黄帝以来至太初而讫，百三十篇”，是司马迁定稿的实际断限。宏阔昂扬的时代精神，君臣相知的感遇，事亲、事君、立身的父教，建功扬名的男儿壮志，这些都是司马迁的创作动力。他全身心投入，潜心修史，《太史公自序》做了郑重的记载。司马迁说：“卒三岁而迁为太史令，紬史记石室金匮之书。”又说：汉兴“百年之间，天下遗文古事靡不毕集太史公。太史公仍父子相续纂其职”。这些说明了司马迁正式做了太史令后，堂皇正大地在皇室图书馆里翻阅石室金匮之书，整理一切秘籍和历史资料，接续父亲已经开创的事业，从事伟大的撰述工程，是何等的心旷神怡！

2. 受宫刑而发愤著书

司马迁因李陵之祸牵连，受刑后而发愤著书，升华了《史记》的主题，发生了质的改变。

李陵是名将李广的孙子，少为建章监，骑射技术有其祖父李广之风，又谦虚下士，甚得人心，与司马迁是很好的朋友。天汉二年（前 99），汉武帝派贰师将军李广利率三万骑出酒泉，击匈奴右贤王于天山。李陵率五千步兵出居延，北行三十天，直达浚稽山（约在今图拉河与鄂尔浑河间），吸引单于的注意力，保证贰师将军的出击。李陵遭遇了匈奴主力八万骑兵的包围，全军覆没，被迫投降。司马迁为李陵辩护，受株连下狱，被判死罪。汉武帝惜其才，减罪一等，可以交五十万罚金免罪。司马迁无钱，受腐刑代死，即所谓的“李陵之祸”。

腐刑就是宫刑。儒家的忠孝观念，身体发肤，受之父母，不敢毁伤，更何况是宫刑，只有做宦官的人才受宫刑。司马迁称“大质已亏”，为人所不齿。刑余之人死后也不能入祖坟。司马迁因受宫刑，出狱后被汉武帝用为中书令，即贴身的秘书长，被朝官视为尊宠任职，司马迁却认为是奇耻大辱，痛不欲生，“肠一日而九回”，多次想到自杀。司马迁在生与死的沉痛思考中作抉择，悟出了人生的真正价值，遂有了震撼千古的至理名言：“人固有一死，或重于泰山，或轻于鸿毛，用之所趣异也。”（《报任安书》）人的一生，若不能对社会作出贡献，而仅仅以一死来同黑暗作抗争，岂不是“若九牛亡一毛，与蝼蚁何以异”！他在《孔子世家》和《伯夷列传》中引孔子之言说：“君子疾没世而名不称焉。”《太史公自序》中记载了其父司马谈的临终遗训：“且夫孝始于事亲，中于事君，终于立身。扬名于后世，以显父母，此孝之大者也。”立身扬名、光宗耀祖为最大的孝道。司马迁进而发扬为立德、立功、立言的修身观念，史称三立精神。刑余之人没有机会立德、立功，唯有立言，写好《史记》供后人评说。司马迁忍辱负重，以更加激扬奋发的精神投身于《史记》的修纂。他在《史记》中记载了许多不甘屈辱、为保持名节而死的义士。齐国布衣王蠋在齐国沦丧濒于灭亡之时，仍“义不北面于燕，自尽身亡”；田横耻于降汉，自刎而死，他的五百宾客闻田横死，“亦皆自杀”；李广不堪“复对刀笔之吏”而自杀；项羽兵败愧对江东父老而自杀；侯嬴为激励信陵君而死；田光为激励荆轲而死；聂荣为给兄弟扬名而死；栾布为尽臣子之义，“哭彭越，趣汤如归”；等等。司马迁称赞这些慕义而死的人具有“高节”，“岂非至贤”，“虽往古烈士，何以加哉！”像屈原那样“死而不容自疏”的高洁之志，“与日月争光可也”。然而，在逆境中奋发、忍辱负重的志士，更加难能可贵。勾践卧薪尝胆，坚韧顽强，发愤雪耻，终灭强吴而称霸王，司马迁不仅许之以“贤”，还赞其“盖有禹之遗烈焉”。伍子胥弃小义，雪大耻，名重后世，司马迁赞其为“烈丈夫”。季布以勇显于楚，“身履典军搴旗者数矣，可谓壮士”，但是，当他被刘邦捉拿，为人奴而不死，受辱而不羞，“终为汉名将”，司马迁赞其为“贤者诚重其死”。这后一种忍辱负重的志士，司马迁认为是更值得敬仰的“烈丈夫”。但这一观点，与世俗相违，而且颇谬于圣人的是非。一般世俗观点，认为忍辱负重是“贪生怕死”，若被刑戮，“中材以上且羞其行”。孔孟遗教是“杀身成仁”，“舍生取义”，司马迁却说，“勇者不必死节，怯夫慕义，何处不勉焉”，又说，“夫婢妾贱人感慨而自杀者，非能勇也，其计画无复之耳”。那些一遇侮辱就轻生自杀的人，在司马迁看来只不过是无可奈何的表现，并不是真正的勇士。

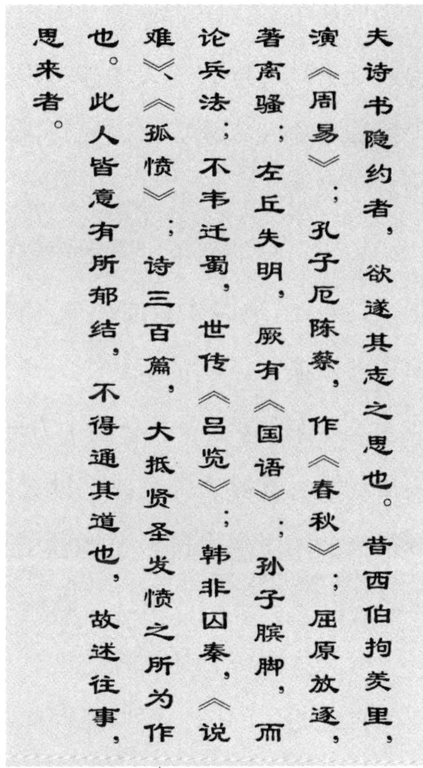
夫诗书隐约者，欲遂其志之思也。昔西伯拘羑里，演《周易》；孔子厄陈蔡，作《春秋》；屈原放逐，著离骚；左丘失明，厥有《国语》；孙子膑脚，而论兵法；不韦迁蜀，世传《吕览》；韩非囚秦，《说难》、《孤愤》；诗三百篇，大抵贤圣发愤之所为作也。此人皆意有所郁结，不得通其道也，故述往事，思来者。

司马迁具有深远影响的“发愤著书说”，摘自《史记·太史公自序》

慕义而死，保持名节；忍辱负重，自奋立名。处理好这二者的界限是很难的。司马迁提出了一个“人死，或重于泰山，或轻于鸿毛”的标准。人生最宝贵的生命在名节大义需要牺牲时，要勇敢地面对死亡，但要死得有价值。如果名节的最终完成，需要忍辱负重，这不是苟活，而是大勇。司马迁在荣辱与生死的痛苦抉择中懂得了人生的意义，他从沉痛中奋起，坚强地活下来，决心完成《史记》。他引古人自况，认为只有那些能够经得起艰难环境磨炼的人才能干出一番事业来。西伯拘羑里演《周易》，孔子厄陈蔡作《春秋》，屈原放逐赋《离骚》，左丘失明著《国语》，孙子膑脚论《兵法》，不韦迁蜀世传《吕览》，韩非囚秦有《说难》《孤愤》，《诗》三百篇都是圣贤发泄愤懑的著作。这些人都是因为心里有郁结，又得不到通达，所以才叙述往事，寄情后人。这就是司马迁提出的发愤著书说。所谓“发愤”，就是指一个人身处逆境而其志不屈，更加激扬奋发而有所作为。司马迁发愤著书有两个方面的内容。第一，忍辱负重，从沉痛中奋起，用更加坚忍的毅力来完成旷世之作。第二，揭露和抨击统治者的荒淫残暴，同情社会的下层人民，歌颂敢于反抗、敢于斗争的历史人物，述往事，思来者，升华了主题。司马迁概括《史记》成书的主题为三句话，十五个字，即“究天人之际，通古今之变，成一家之言”。所谓“成一家之言”，就要写自己心里的话。司马迁宣称，《史记》记事实录，“贬天子，退诸侯，讨大夫”，也就是王公贵族，包括帝王本人，都可以批评，不为尊者讳，不与圣人同是非，这只能是司马迁受宫刑以后才能产生的叛逆新思维。

3.《史记》完稿

太始四年（前93），《史记》基本完稿。《太史公自序》云：“凡百三十篇，五十二万六千五百字，为《太史公书》。”司马迁计点篇目字数寓有深意。他在《报任安书》中说：“仆诚已著此书，藏之名山，传之其人通邑大都，则仆偿前辱之责，虽万被戮，岂有悔哉！”计点篇目字数，表明自己十分美满地在有生之年完成了雪耻的心愿，发愤之作大功告成，这是多么惬意的事啊！此其一。司马迁在《孔子世家》中说孔子著《春秋》，“笔则笔，削则削，子夏之徒不能赞一辞。弟子受《春秋》，孔子曰：‘后世知丘者以《春秋》，而罪丘者亦以《春秋》’”。《史记》效《春秋》，是非裁夺一出于司马迁之手，“俟后世圣人君子”评说，增一字与减一字都是不可以的，表现了司马迁的自信与超越，追步圣人毫不逊色！此其二。此外，司马迁在《太史公自序》中留下《史记》一百三十篇目录以及全书五十二万六千五百字的字数统计，可为今天研究《史记》断限与“十篇缺”的重要标尺，这或许是司马迁先知先觉的预设，也或许是他非始料所及之事。司马迁死后，两汉儒者竞相续补，或遭当路者删削，这篇目字数的统计成了《史记》一书无形的护法神。

《太史公自序》作于何年，无法考知。但司马迁却在《报任安书》中透出《史记》基本完稿的消息，考知《报任安书》的写作时间，就大体可知司马迁的写作进程。《报任安书》云：

> 仆窃不逊，近自托于无能之辞，网罗天下放失旧闻，考之行事，稽其成败兴坏之理，（上计轩辕，下至于兹，为十表，本纪十二，书八章，世家三十，列传七十），凡百三十篇，亦欲以究天人之际，通古今之变，成一家之言。

上述引文中括号内“上计轩辕”以下七句据五臣注《文选》本补入。计，借为记。这几句总括《史记》五体篇数与《太史公自序》相符，所以它透露了《史记》已基本完成，但还没有最后定稿。试与《太史公自序》的总括文字作一对照，就可看出问题。《自序》曰：

> 网罗天下放失旧闻……上记轩辕，下至于兹，著十二本纪……

> 作十表……作八书……作三十世家……作七十列传，凡百三十篇，五十二万六千五百字，为《太史公书》。

对照两段文字有三点不同：第一，《史记》五体的编次顺序不同。《报任安书》序列为：表、本纪、书、世家、列传；《太史公自序》排列为：本纪、表、书、世家、列传，与今本《史记》吻合[①]。第二，《报任安书》未定书名；《太史公自序》定名为《太史公书》。第三，《报任安书》无字数统计，《太史公自序》总计全书为五十二万六千五百字。三点不同，说明《报任安书》作于《史记》即将完稿之时，而早于《太史公自序》。司马迁作《报任安书》之后，仍在继续修订。

《报任安书》的写作时间是学术界讨论的一个重大课题，对于了解司马迁的写作进程及推知卒年都具有重要意义。因而成为长期以来争论的问题。主要有两说。一为清人赵翼在《廿二史劄记》中提出，他认为《报任安书》作于汉武帝征和二年（前91）。一为近人王国维在《太史公行年考》中提出，认为作于汉武帝太始四年，本书依从王说。

4.《史记》修订

司马迁在《报任安书》中说，天汉三年他受祸之时“草创未就”，即《史记》一书尚未完成。《报任安书》又说“鄙没世而文采不表于后也”，则是对已成之篇的修订润饰。这两项工作当是交叉进行，太始四年以后则主要是最后的编定工作。由于史料无征，我们难以查考《史记》篇目的写作编年，但从篇中所透露的生平印记，特别是李陵案的余响，可以大体推测

---

① 《报任安书》列《史记》五体，“表”在“本纪”之前，表明写作程序，先完成十表以正史事纪年为写作指导，全书完成调整五体序列，移“表”为“本纪”之后。

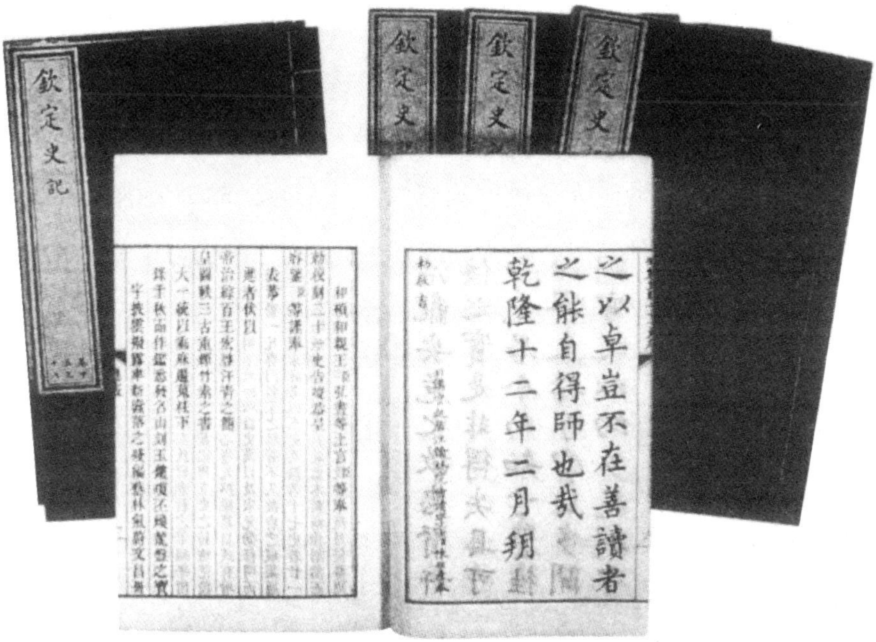

司马迁著《史记》，清乾隆武英殿刻本书影

出司马迁作史阶段及修订内容，并从中领略他的发愤精神和诗人气质。先说修订内容，主要有四个方面：

（1）调整篇目与编定次序。《史记》规划，元狩元年起司马谈已发端述作，元封三年司马迁相继撰述，至太初元年开始定稿，大约《史记》规模已粗具。天汉三年，司马迁受祸，思想立场从温和刺讥转到激烈抗争，对全书篇目以及已完成的篇目内容必有相当大的调整，用以寄发感慨，留下李陵案的余响。像《酷吏》《游侠》等篇，感情愤激，必是写于受祸之后。例如《酷吏列传》，集中写武帝一朝的酷吏，他们一个比一个苛暴，而“上以为能”，讥刺刻骨。司马迁恨透酷吏，写他们的下场一个个不得好死，杀头，弃市，族灭！又如《魏其武安侯列传》，为平庸外戚作传，深刻地揭露了西汉盛世下的宫廷斗争，描写了上层统治集团的互相倾轧，表现了对专制主义黑暗政治的批判和谴责。笔锋犀利，语言简洁，人物富有个性，对话宛然，声口毕肖。此篇立意与笔力，非受祸之后不能写出。

（2）抒愤寄托，鸣写不平。司马迁受祸，“鄙没世而文采不表于后”，故于书中极力抒写，借他人事迹寄寓感慨，这是修订的主要内容。抒愤寄托，首推《屈原贾生列传》。清人李晚芳就说：“司马迁作《屈原传》，是自抒其一肚皮愤懑牢骚之气，满纸俱是怨辞。”①

其次当数《伍子胥列传》。伍子胥不听昏庸楚王之乱令，违犯君臣之“义”，逃往吴国，借兵报仇，司马迁不加非难，反而高度赞扬他“弃小义，雪大耻”，是真正的男子汉，“烈丈夫”，表现了反传统的叛逆精神。

赞扬忍辱负重，困厄发愤精神的还有《虞卿列传》，说虞卿非穷愁，亦不能著书，以自见于后世；《范雎蔡泽列传》，说范蔡二人不困厄不能激发智慧以取卿相；《季布列传》，说季布斩将夺旗，是一个壮士，然而被通缉却为人奴不死，受辱不羞，终为汉名将，称得上是“贤者诚重其死”。这些议论，正是司马迁忍辱负重精神的寄托。

（3）附记太初以后大事。内容涉及十六个篇目，凡二十二人，集中在李陵案、巫蛊案两件大事上，可以看出是司马迁的精心布局，各体照映符合若节。司马迁以李陵案、巫蛊案两件大事终结武帝一生行事，本是太初以前记事的延续、互见，其势不得不附载。也就是说，李陵案与巫蛊案是司马迁修订《史记》，附记太初以后事的一条明显的脉络。

（4）补载或修订太初以前史事。《史记》中有十二篇记载太初以前史事而有“武帝”字样，不似后人窜乱文字。《汉兴以来诸侯王年表》《汉兴以来将相名臣年表》表列汉武帝史事，起首皆为“孝武建元元年”。又，

① 《读史管见》卷二《屈原列传》。

在诸侯王表中，在元狩六年四月乙巳下书武帝三子立王，均书“武帝子”。《孝景本纪》云：“太子即位，是为孝武皇帝。”《外戚世家》载卫皇后一节，称“武帝”。联系前后文字，这一节是补插文字，显然是后加的，写于陈皇后之前。而在陈皇后一节文字中，又已经写了卫皇后事迹。《卫将军骠骑列传》，附载的公孙贺等十六人，一律书作“武帝”，显然是补写。此外，《屈原贾生列传》《张释之冯唐列传》《万石张叔列传》《李将军列传》《平津侯主父偃列传》《汲郑列传》《酷吏列传》，均有“武帝”字样。可以说这是司马迁在昭帝之初仍在修订《史记》留下的痕迹。

三、《史记》产生的历史条件

《史记》产生在西汉盛世汉武帝时代，这绝不是偶然的。它是主客观条件交叉产生的必然效应。

1.《史记》产生是时代的呼唤

这可从五个方面来看：

首先，如何巩固西汉王朝的统治，需要总结历史的经验，作出学术的综合。早在高帝即位之初，这位马上得天下的开国皇帝，就让陆贾总结“秦所以失天下，吾所以得之者何，及古成败之国”① 的历史经验，寻求长治之术。文帝时，贾谊作《过秦》，贾山作《至言》，总结秦亡的教训，是陆贾《新语》工作的继续，还是侧重于政治方面。到了汉武帝时代，理论的归纳，大大向前推进了一步。董仲舒倡导“罢黜百家，独尊儒术”，治“春秋公羊学”，宣扬大一统，已经是学术综合的工作了。与司马谈同时而与司马迁相及的淮南王刘安，他纠集学者编纂了一部“观天地之象，通古今之事”② 的《淮

① 《史记》卷九十七《郦生陆贾列传》。

② 《淮南子》卷二十一《要略》。

南子》，更是学术综合的工作。司马谈《论六家要旨》，强调百家殊途同归，“皆务于治”，明确地阐述了学术综合与治政的关系。清代学者钱大昕说，《史记》的“微旨”有三，“一曰抑秦，二曰尊汉，三曰纪实”[①]，这正是司马迁所处时代的精神和时代的使命。

其二，西汉的文化发展提供了修史条件。司马迁修纂《史记》，“是长期的历史研究成果的集中体现”[②]。如果没有《春秋》《尚书》《左传》《国语》《世本》《战国策》等书的积累，就不可能凭空冒出《史记》这样的历史巨著。司马迁能够运用这些典籍，是西汉的文化发展提供的条件。司马迁说：“百年之间，天下遗文古事靡不毕集太史公。太史公仍父子相续纂其职。”[③]也就是司马谈、司马迁相继主持文化典籍的整理工作，得以阅读秘籍图书，成为最博学的人。太史府等于是国家给司马迁设立的书局。

其三，雄才大略的汉武帝，加强了中央集权的统治。宏阔昂扬的时代，是《史记》成书的直接背景。

其四，汉武帝的后期，社会阶级矛盾尖锐化，为司马迁“原始察终，见盛观衰”的方法论提供了现实的依据。

其五，文景之世开明政治的流风余韵，启迪了司马迁自成“一家之言”。汉文帝即位，发动了对秦王朝暴政的批判，吸取“壅蔽之伤国也”[④]的历史教训，鼓励臣民直言极谏。举贤良方正的基本条件就是“直言极谏”。汉武帝专制有别于秦始皇的根本之点，就是还能容忍臣下直言，故有晚年悔征伐之事。汲黯在廷对时说：“陛下内多欲而外施仁义，奈何欲效唐虞

① （清）钱大昕：《与梁耀北论史记书》，《潜研堂文集》卷三十四。

② 白寿彝：《史记新论》，求实出版社，1981年。

③ （汉）贾谊：《过秦论》。

④ 《史记》卷一百三十《太史公自序》。

之治乎！”[①] 武帝怒而不罪。所以在汉武帝时代，虽“罢黜百家”，而文网未密，臣工士庶，尚能直言议政。故司马迁述史，汉武帝未予干涉。在这一环境下，司马迁才敢直言，实录史事，虽有忌讳之辞，而能终成一家之言。

以上各点，是《史记》成书的客观条件。

2. 父子两代人的心血结晶

司马迁作史，毕生投入，前后四十年，可分为三个阶段。元朔三年（前126），司马迁二十壮游“网罗天下放失旧闻”，即为作史之始。到元封二年（前109），前后十八年，司马迁为父亲的修史助手。这一时期，司马迁在其父谈的指导下，二十壮游，学《公羊》于董仲舒，受古文于孔安国，习家学于司马谈，襄助修史，成长为一个渊博的学者，打下了继承父志的坚实基础。元封三年（前108）到太始四年（前93），为发愤著书阶段，其间十六年，基本完成《史记》。征和元年（前92）到武帝之末后元二年（前87）或昭帝之初，约六年时间，司马迁编定《史记》，仍在继续修订。司马谈作史，准备在建元、元光间，正式述史在元狩元年（前122）。司马谈卒于元封元年（前110）。从元狩元年到元封元年，司马谈作史草创经营了十二年。司马迁发愤著书阶段十六年。就这样，《史记》写作基本完成就经历了前后二十八年，凝聚着司马谈、司马迁父子两代人的心血结晶，方成为一部体大思精的著作。

唐刘知幾论良史必须具备才、学、识三长，清章学诚又加之以德。这才、学、识、德四大要素，司马迁可谓兼备一身；司马迁聪颖勤奋，十岁诵古文，养育了他的才；得天独厚的家学渊源和师承，培植了他的学；壮游与

① 《史记》卷一百二十《汲郑列传》。

受祸锤炼了他的识；史官世家的血统和气质，司马谈尽忠尽孝的诱导教育，临终遗言的嘱托，涵育了他的德。这些就是《史记》的主观条件。

在主观条件中，才、学、识、德四要素，最重要的是识。因为只有超卓的识，才能"原始察终，见盛观衰"，知其远，察其微，探其源，究其终，通古今之变。司马谈以其眼光远大，领略了时代的要求，立下述史壮志；司马迁以其识见超卓，才能追寻历史之变，不断升华述史主题。在司马迁手中，《史记》主题随着断限的修正，做了两次飞跃式的升华[①]，从而使《史记》熔铸了人民性的成分。

《史记》成书的条件留给我们的启示是：一部不朽的传世名著，必须具备主客观条件的统一才能产生。西汉盛世为司马迁著作一部通史提出了时代的要求，也提供了物质条件，这是《史记》成书的历史背景。司马迁所受教育、修养及其经历是《史记》成书的著述内因。历史背景是客观条件，著述内因是主观条件。从历史背景来看，《史记》是适应秦汉大一统社会的历史使命而产生的，所以它的本始主题是颂扬帝王将相的功勋来为巩固封建统治服务。尽管《史记》注入了人民性的成分，但并未改变这一基本主题。学术界以往的论述，未能深究《史记》的成书条件，往往以后世个人的经验去看待《史记》，颠倒了两者的关系，把人民性看成是《史记》的基本主题，因而不能合理地解释纪传史产生的原因。《史记》是司马谈、司马迁二人以汉太史身份修成，在这个意义上，也可以说它是一部自成"一家之言"的官修史书。《史记》的伟大价值，并不只是它揭露现实，表现

① 司马迁两次升华《史记》主题，第一次升华为修正司马谈发凡起例为断限，上限从起于尧延伸至起于黄帝，下限从讫于元狩延伸到讫于太初。修正断限实显大一统历史观。第二次升华为受腐刑之后发愤著书，注入了史学批判功能，用司马迁的话说叫"贬天子，退诸侯，讨大夫"。

为异端，而根本性在于它全面地反映了大一统的时代精神及其盛衰。当然，司马迁受祸发愤，在《史记》中熔铸了人民性，使它更加灿烂夺目，这是不言而喻的。

西汉盛世：青铜兵马俑

第三章 《史记》体制

体制，又称体例，指一部典籍的内容和形式。《史记》体制，就是《史记》的特点和内容。对于历史著作来说，体例的创新非常重要，因为体例是作者创作思想、创作内容，以及表现形式的综合反映。体例完善与否，直接决定作者创作的成功与失败。司马迁要“成一家之言”，所以《史记》体制从内容到形式都是划时代的伟大创新，并且取得了极大的成功，达到了完美的程度，鲁迅称誉为“史家之绝唱”。本书分为两章来说。本章《史记》体制，着重谈《史记》的五体结构与百科全书内容。下一章史家之绝唱，评说《史记》的创作宗旨、《史记》书法，以及对中国历史学的贡献。

一、宏大的五体结构

《史记》由五体构成：《本纪》12 篇，《表》10 篇，《书》8 篇，《世家》30 篇，《列传》70 篇。凡 130 篇，526500 字。《史记》的这一五体结构，载述古代从黄帝到汉武帝 3000 年历史，创造了纪传体通史，在史学史上建立了一座巍峨的丰碑。宋代史学家郑樵评论说：

>（《史记》）使百代而下，史官不能易其法，学者不能舍其书，六经之后，惟有此作。[①]

① 《通志·总序》。

清代史学家赵翼更进一步评论说：

> 司马迁参酌古今，发凡起例，创为全史……自此例一定，历代作史者遂不能出其范围。①

郑樵和赵翼的评论，基本上是符合事实的。自班固《汉书》以下至《明史》，以及后来的《清史稿》，都承袭了《史记》的体例，创一代一代的大典，丰富了中华民族的悠久文化。《史记》所起的开创与启后的作用是非常巨大的，无论怎么评价都不过分，“史家之绝唱”的评价当之无愧。

五体结构的意义和特点下分三个细目来说。

1. 五体结构是一个完整的统一体系，它是一种编纂方法，能容纳大量的历史素材

内容决定形式。《史记》是百科全书，分门别类加以有条不紊的记载，决定了五体形式。《本纪》以王朝的更替为体系，用编年的方法纂录历史大事。《世家》记述诸侯世系。《列传》载官僚、士大夫、名人和一般平民的活动，是注述《本纪》的。《表》用简明的表格标注错综复杂的史实，表现历史发展的线索，它是联系纪、传的桥梁。《书》分专题记述政治、经济、天文、地理、典礼等方面的制度沿革，可以看做是分门别类的文化专史。五体各部是一个独立的纵向体系，叙述从古到今的历史发展，《本纪》和《表》均上起黄帝，下迄太初。五体相互之间又有着横向的联系，司马迁创造了互见法，详此略彼，使五体构成了一个统一的体系。这样的五体结构拥有无限的容量。正如刘知幾评论所说：“《史记》者，纪以包

① 《廿二史劄记》卷一。

举大端，传以委曲细事，表以谱列年爵，志以总括遗漏，逮于天文、地理、国典、朝章，显隐必该，洪纤靡失，此其所以为长也。”[①]

2.《史记》五体，各具笔法义例，呈现宝塔式结构，形象地照映了封建社会的等级秩序

特别是《本纪》《世家》《列传》三体，用不同笔法载述社会各个阶层的人群，呈现出鲜明的等级序列。裴松之《史目》云：“天子称本纪，诸侯曰世家。”司马贞曰：“列传者，谓叙列人臣事迹，令可传于后世，故曰列传。”张守节发挥说：“本者，系其本系，故曰本；纪者，理也，统理众事，系之年月，名之曰纪。”[②] 刘知幾总论之曰：“夫纪传之兴，肇于《史》、《汉》，盖纪者，编年也；传者，列事也。编年者，历帝王之岁月，补《春秋》之经；列事者，录人臣之行状，犹《春秋》之传。《春秋》则传以解经，《史》《汉》则传以释纪。”[③] 因此，纪传史是以帝王将相为中心的历史，适应了封建统治者的思想体制，这就是纪传史之被封建王朝颁令为正史的内在原因。

司马迁运用五体序列的等级秩序，破例为体寓褒贬，如为项羽立本纪，为孔子、陈涉立世家，降吴王刘濞，淮南王刘长、刘安，衡山王刘赐为列传，均是寓褒贬。

3. 五体结构的序列、数目，内涵天人合一与五行运行的哲理，形象地展现历史就是不断循环往复的流年

本纪十二篇，称十二本纪，写帝王，编年记事。十二这一数目象征一

① 《史通》卷二《二体》。

② 裴松之、司马贞、张守节诸人之语，均见《史记》三家注。

③ 《史通》卷二《列传》。

年有十二月。

表十篇，称十表，为数之极。十又为两五，恰是人的一双万能的手的数目。十表划分历史断限。

书八篇，称八书，象征一年四季的两倍。八书分门别类载朝章国典和天文地理。《史记》八书为：礼、乐、律、历、天官、封禅、河渠、平准。

世家三十篇，称三十世家，载诸侯，象征一月有三旬，二十八宿环卫北辰，是中央王朝的藩篱。

列传七十篇，称七十列传，记载将相黎庶。七十之数是环周天 360 度的五分之一。五行环周天，其数 360 度，一行为 72 度，70 举其成数。列传记载人臣黎庶等众多人物的言行。

《史记》的五体结构，是五行哲学图解宇宙运行的模型，把宇宙的书面描写从结构上变成一个可视可感知的年、月、日的时间流逝运行。《史记》五体之数，构建了一个思维模型。五体结构又是一个人间等级制度的宝塔模型。本纪是塔尖，列传是塔基，表、书、世家是塔身，形象地反映了封建社会的等级序列。

汉代流行的五德终始学说，是一种循环论的理论。司马迁的历史观包括历史进化论、循环论、二元论、大一统历史观等。五行哲学与五德终始学说是司马迁创作历史的理论基础之一。那么什么是五德终始呢？五德终始，又称五德之传，是战国时期齐人邹衍等人解释历史发展改朝换代的一种循环论理论。这种理论把古代朴素的自然观五行说用于人事。“五行”为金、木、水、火、土五大物类，也是构成世界万物的五大元素。五行是运动变化的，生生不息。其规律是五行相生相克。五行相生为：木生火、火生土、土生金、金生水、水生木。五行相克为木胜土、土胜水、水胜火、

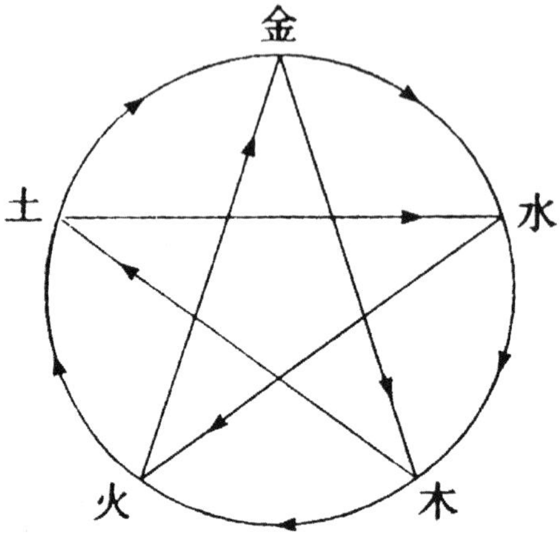

五行相生相克图示（圆上顺时针箭号为相生；五角星上箭号为相克）

火胜金、金胜木。如此相生相克，永恒不灭，构成了万物变化的世界，具有朴素唯物论与朴素辩证法思想。朝代更替为五行相克，循环往复相承，故称“五德终始”。其说认为：黄帝为土德，夏为木德，商为金德，周为火德。代周者必为水德。照五行说法，水为北方，色黑，水德主阴，阴主刑杀。秦以水德王，所以秦始皇统一六国后，衣服、旄旗、节皆尚黑，施政以刑杀为主，不能讲仁慈。汉代秦，克水者为土，所以汉为土德，色尚黄。秦汉时代是五行学说盛行的时代，五德终始是当时深入人心的历史观。司马迁化五行哲学为五体结构，创造了纪传体历史编纂学的人工系统工程。

二、继往开来的百科全书

司马迁创作《史记》，“网罗天下放失旧闻”，把天、地、人，以及古今历史的发展变化，纳入于一书，使《史记》成为一部继往开来的百科全书。

1. 百科全书的内容

《史记》百科全书囊括天人古今，这里从历史学角度看百科内容，大要有五个方面。

（1）备载天地万物。天地是人生之根本，人类社会活动的舞台。司马迁“究天人之际”，把天文、地理、水利等自然环境纳入史学范畴，考察人与自然的依存关系。他十分形象地指出：“夫天者，人之始也；父母者，人之本也。”（《史记·屈原贾生列传》）父母为个体人的根本，天地为人类的根本。研究人，必须研究天，研究地，就这样，天文学、地理学在《史记》中得到了反映，即特立了《天官书》《历书》《河渠书》等专篇。此外，《夏本纪》三分之二的篇幅也是地理专篇。

（2）囊括国家大政。五帝三王时代，国家大政被归纳为八政：一曰食，二曰货，三曰祀，四曰司空，五曰司徒，六曰司寇，七曰宾，八曰师。这是先秦时代儒家的八政观念，载于《尚书·洪范》，《史记》采入《宋微子世家》。民以食为天，故食、货居八政的第一、第二位。《史记》八书为：礼、乐、律、历、天官、封禅、河渠、平准。司马迁认为礼是维系等级秩序的制度，为治国之头等大事，所以列礼为八书之首。礼乐相辅为治，故《乐书》与《礼书》蝉联。《洪范》八政内容在八书中的反映，“食”“货”对应“平准”，“祀”对应“封禅”，“司空”对应“河渠”，“宾”对应“礼”“乐”，“师”对应“兵”（即《律书》）。《洪范》八政的司徒、司寇在八书中没有对应之篇，但在列传中有对应之篇，“司徒”对应“儒林”，“司寇”对应“循吏”“酷吏”。同时，《史记·货殖列传》亦为食货之事。对应只是一种近似的比较，并不等同。总之，《洪范》八政，在《史记》中均有所体现，表明司马迁把国家大政纳入了历史学研究范围，专列八书系列开后世政书之先河。内容和序列的调整，表现了司马迁的史学观点和国家大政的轻重序列。班固《汉书》十志，序列为律历、礼乐、刑、食货、郊祀、天文、五行、地理、沟洫、艺文，内容更丰富，结构更严密，发展了司马迁史学，这是应当揭明的。班固还把职官纳入了史学范围，创《百官公卿表》以载其制。

（3）展现古今社会。国家大政只是社会生活的一部分，而更丰富、更广阔的内容，应是社会基层大众的物质及精神文化生活。历史家的责任，就是要全面地反映以往历史的社会生活，摆事实，讲道理，还历史本来面目，知往鉴今，使读者受到启迪。司马迁很好地尽到了他的责任，以人物为中心贯通古今，全面地展现了古今社会实况。他不只研究帝王将相等上层人物，也研究社会下层各阶级、各阶层的人物，全方位反映社会生活，而且对古代社会的风俗习惯、精神风貌等，都进行了认真的研究与总结，达到了“备天地万物”于一书的境界。

(4)辨章一切学术。《太史公自序》论列六家要指，又立“老庄申韩”“孟子荀卿”等列传，辨章学术，把学术、学派纳入了史学研究范围。班固在《汉书》中立《艺文志》，对学术学派进行分类，使其更加条理化和严密，这是弘扬司马迁之学。司马迁的视野是极其广阔的。有些学术、学问，在当时还不甚发达，或未引起史家足够的重视，无论《史记》《汉书》都没有专列论载，但司马迁纳入了其研究范围。如金石、简牍、甲骨，作为专门学术是后代的事，金石学形成于宋代，简牍学、甲骨学奠基于近代，但这些学问早在先秦就已经发源。三代已经开始了铸鼎彝[①]，秦代已经重刻石，甲骨盛行于殷周，秦汉是简牍为主的时代。《史记》对金石、简牍、甲骨都有不同程度的载述。《周本纪》记武王克殷后“封诸侯，班赐宗彝，作《分殷之器物》”。《秦始皇本纪》多次记载“刻石颂秦德”。《封禅书》记载得宝鼎，李少君鉴赏齐桓公器。这说明司马迁已将金石作为史学研究对象。《周本纪》记“尹佚策祝曰”，《齐太公世家》记“史佚策祝”，《鲁周公世家》记“史策祝曰”，《孔子世家》记“（孔子）读《易》，韦编三绝”，《匈奴列传》记汉遗单于书，牍以尺一寸。单于遗汉书以尺二寸牍，

① 鼎彝，泛指古代祭祀用的鼎、尊等礼器。

及印封皆令广大长，反映了简牍的形制、使用情况。可以说简牍已纳入了史学研究对象。至于甲骨，有《龟策列传》，此外记载卜筮卦象的篇章是很多的，如《周本纪》《晋世家》《田敬仲世家》等篇，不必一一具引。

（5）遗事旧闻纳入史学研究范围。拾遗事，网旧闻，司马迁将之作为史学理论贯彻。这在《太史公自序》中作了明确的交代。一则曰“拾遗补艺”，《索隐》注：“补六艺之阙也。”再则曰“网罗天下放失旧闻”，《索隐》注：“旧闻有遗失放逸者，网罗而考论之也。”拾遗补缺，《左传》注《春秋》开其端，司马迁条释为理论，成为中国史学的传统。裴松之《三国志注》，发展成为一种史书体裁，可以说是司马迁拾遗补缺、网罗旧闻理论在实践中的发扬与光大。

以上条列了司马迁创立百科全书式通史的五个主要方面，均属历史学的范畴，所以《史记》最本质的定位，是一部历史学著作。由于以人为中心，司马迁写人，创造了传记文学。《史记》既是史学，又是文学，所以一般称《史记》是一部文史名著。

2.《史记》成为百科全书的原因及意义

司马迁缘何把一部文史名著写成百科全书呢？主要有以下四方面原因。

（1）中国传统的哲学理念是天人合一。孟子引《书》曰：“天降下民，作之君，作之师”（《孟子·梁惠王下》）。《左传·文公十三年》中说：“天生民而树之君。”人君为王。《说文》释曰：“王，天下所归往也。”董仲舒曰：“古之造文者，三画而连其中谓之王。三者，天地人也。而参通之者，王也。孔子曰一贯三为王”（《说文解字》第一篇上“王”字解）。人立于天地之间，不能脱离天地而存在，所以天、地、人作为一体来记叙。用司马迁的话说，就是“究天人之际，通古今之变，成一家之言”。

（2）历史本身的含义是指过去的事，即以往的一切事情。古代社会生产力低下，社会分工不发达，从而限制了人们的认识能力，而反映到思想文化领域中，就要求学者、先知先觉的圣人必须知晓、存留一切。所以古代的历史学家，无论中外，都认为史学要包括一切知识。刘知幾在《史通·自叙》中说："夫其书虽以史为主，而余波所及，上穷王道，下掞人伦，总括万殊，包吞千有。"他认为史学、史书、史学研究与评论要总括天地古今的一切。古希腊历史学家希罗多德所作的《历史》就是百科全书式的。

（3）先秦时代，学科分类方兴。在司马迁时代，学科分类还未兴起，正是所谓文史不分的时代，而恰恰是由于《史记》对文学、史学的突出贡献，推动了文学、史学的分途。

（4）司马迁父子的理想，要完成一代大典，仿效《春秋》为民立则。司马迁评论《春秋》说："《春秋》文成数万，其指数千。万物之散聚皆在《春秋》。"（《太史公自序》）其实是指《史记》的写作宗旨，要包罗万象，古今皆备。司马迁之父司马谈发凡起例（司马谈为太史令，本身就是掌管天文之官，兼理国家图籍之府），资料搜集，"网罗天下放失旧闻"，"厥协六经异传，整齐百家杂语"。如此浩繁的工作，司马谈感到以一人之力难以完成，所以培养其子司马迁继承自己的事业，临终遗命司马迁接力修撰《史记》。古人治学，就是有这样一种精神，父死子继，为了理想绝不急功近利，这就是执著精神。司马谈自比孔子，是几百年才出现的圣人之业的继承者，表明他自觉地肩负起了这一历史使命，寄希望于司马迁来完成，于是规划了"百科全书"。

司马迁继承父志，完善并发展了"百科全书"的规划，《史记》博大精深，是一部名副其实的、继往开来的百科全书，其意义就在于"继往"与"开来”。《史记》继往，全面总结了前代历史文化；《史记》开来，推动了文、史、哲的分途，影响甚为深远。先秦时代人们在提起中国古代学术文化时，有文史不分之说。当时的文学、史学、哲学，各有分野。《诗经》《楚辞》是文学，《春秋》《尚书》《左传》《战国策》是史学，《周易》、诸子散文是哲学。但是，又为什么说文史不分呢？当时还没有纯文学，更没有写人艺术的纯文学；而诸子散文说理，寓含历史知识，且文采斐然。上列史学专书，不仅反映的历史内容和范围有限，而且形式体制都极为原始，《尚书》只是资料汇编，《战国策》可以说是文史参半。也就是说先秦百家争鸣是学术的黄金时代，文学、历史、哲学，往往是一而二，二而一，或三位一体。当时各种学科都还处于萌芽并将要蓬勃发展时期。治文、史、哲于一炉的《史记》，就是在这样一种历史传统和历史背景下产生、创造出来的。也正是由于《史记》的辉煌成就，把文、史、哲的发展推向了一个高峰，从而也推动了文、史、哲的分途。也就是说，司马迁是集文、史、哲于一身的一个伟大时代的文化巨人。

司马迁墓
墓冢上古柏分杈五枝，当地民众认为象征《史记》有本纪、表、书、世家、列传五体

第四章　史家之绝唱

（唐）吴道子画作
先师孔行像拓片

“史家之绝唱”，从狭义上说，指司马迁的创作，独具个性，前无古人，后无来者，给史学发展开拓了广阔的领域，提供了榜样，从而成为两千年传统史学的优秀楷模。具体用一句话概括：《史记》是一部体大思精的著作，其要义是“体大思精”四个字。体大，指《史记》的五体结构，规模宏大，是一个系统工程，能容纳百科知识，前文第三章已作了评述。思精，是指内容的全面性和善叙事理，本章从《史记》的创作宗旨、《史记》书法、《史记》对中国历史学的贡献三个方面阐释“史家之绝唱”，是为前一章的续篇。

一、《史记》的创作宗旨

《史记》的创作宗旨是继《春秋》创一代大典，为后王立法，为人伦立准则，可简括为“两立”。“春秋”本是各国史书的通名，自战国儒家说孔子作《春秋》之后，《春秋》一书就专指春秋时期鲁国史书。《春秋》记事始于公元前 722 年，迄于公元前 481 年。它以简练的语言记载春秋大事，类似于后世的大事记。汉代儒学独尊，《春秋》为六经之一，它的地位相当于一部国家宪法。继《春秋》创一代大典，成了司马谈、司马迁父子的理想，也就是创作动机。司马迁在《史记·孔子世家》《十二诸侯年表》《儒林列传》《太史公自序》等篇章中均有记载。这些记载的大意是：春秋末年周室衰微王道中断，孔子为救世而周游列国宣传王道，但各国诸侯都不能用他。晚年的孔子受获麟的激励而作《春秋》。《春秋》笔削严谨，辞约指博，字里行间蕴含了许多“义法”，孔子就是通过这些义法来评价历史和现实，以“使乱臣贼子惧”。更重要的是孔子在《春秋》中为后代圣王制定了一王之法，《春秋》的“王法”施行之日，就是王道社会的重建之时。《春秋》是礼义的“大宗”，它是凝聚了孔子心血、希望、理想的力作，是知孔罪孔的唯一依据。

司马迁非常自信，他以承接道统而自居，在《太史公自序》中借用父亲的话说：“先人有言：‘自周公卒五百岁而有孔子。孔子卒后至于今五百岁，有能绍明世，正《易传》、继《春秋》，本《诗》、《书》、《礼》、《乐》之际？’意在斯乎！意在斯乎！小子何敢让焉。”十分明显，司马迁定位《史记》是一部道德伦理教科书，因此是人人必读的《春秋》。《太史公自序》说：

故有国者不可以不知《春秋》，前有谗而弗见，后有贼而不知。为人臣者不可以不知《春秋》，守经事而不知其宜，遭变事而不知其权。为人君父而不通于《春秋》之义者，必蒙首恶之名。为人臣子而不通于《春秋》之义者，必陷篡弑之诛，死罪之名。其实皆以为善，为之不知其义，被之空言而不敢辞。夫不通礼义之旨，至于君不君，臣不臣，父不父，子不子。夫君不君则犯，臣不臣则诛，父不父则无道，子不子则不孝。此四行者，天下之大过也。以天下之大过予之，则受而弗敢辞。故《春秋》者，礼义之大宗也。夫礼禁未然之前，法施已然之后；法之所为用者易见，而礼之所为禁者难知。

但是，司马迁不满足于《春秋》立法用一字褒贬以定是非，他在《太史公自序》中借壶遂之口称其为是“垂空文以断礼义，当一王之法”。所谓“空文”，就是只讲大道理，没有实际内容，难以普及于人民大众。司马迁借孔子之言表达《史记》的立法原则是“我欲载之空言，不如见之于行事之深切著明也”[①]。《太史公自序》和《报任安书》作了具体的阐释，《太史公自序》详明，《报任安书》简洁。《报任安书》曰：

网罗天下放失旧闻，考之行事，稽其成败兴坏之理，凡百三十篇，亦欲以究天人之际，通古今之变，成一家之言。

“网罗天下放失旧闻”，就是要广博地占有一切历史资料，完成一部以人事为中心的包容百科全书知识的通史，探索治乱兴衰的规律以求长治

① 引语载《史记》卷一百三十《太史公自序》，是司马迁转引的公羊家《春秋纬》中所托的孔子语。

久安。“稽其成败兴坏之理”的方法，司马迁概括为三句话十五个字：“究天人之际，通古今之变，成一家之言。”这三句话就是《太史公书》具体的写作宗旨。“究天人之际”的“际”，本义为两墙相合之缝，引申为交会、会合。“究天人之际”，也就是寻找天道与人道之间的会合点，使之相沟通。“成一家之言”，实际上就是指司马迁要继承《论六家要旨》所阐释的子文化，像诸子那样自我立说，探索治乱兴衰规律的思想体系。三句话中，“通古今之变”是核心内容，这一命题是与董仲舒宣扬的“天不变，道亦不变”针锋相对的。“变”是司马迁朴素唯物主义历史观的核心。他认为宇宙间一切事物都在“变”，只有用“变”的观点才能探究事物的规律。他说：“无成势，无常形，故能究万物之情。”[①] 没有一成不变的态势，没有永恒存在的形体，所以才能洞悉万物的真情。从“变”的理论观点出发，决定了司马迁用发展变化的眼光看待人类社会的历史，他名之曰“变”，曰“渐”，曰“终始”。他说：“天人之际，承敝通变”，“略协古今之变”[②]；“臣弑君，子弑父，非一旦一夕之故也，其渐久矣”；“是以物盛而衰，时极而转，一质一文，终始之变也”[③]。司马迁在这方面的言论是很多的。“物盛而衰，固其变也”，“儒者断其义，驰说者骋其词，不务综其终始”[④]，等等，不胜枚举。“变”，指社会不断地进化和发展；“渐”，指的是进行、运动，即进化和发展的过程；“终始”，指的是因果关系，人类社会发展的一个个里程是有因果相连的关系，即有规律可以认识的。总括为一句话，

---

① 《论六家要旨》。

② 《史记》卷一百三十《太史公自序》。

③ 《史记》卷三十《平准书》。

④ 《史记》卷十四《十二诸侯年表序》。

“通古今之变”的目的就是“稽其成败兴坏之理”[①]，探寻社会治乱的规律。

通观整部《史记》五体所载通变的历史内容，可概括为四个方面：一是时势之变，二是兴亡之变，三是成败之变，四是穷达之变。本纪侧重载述朝代兴亡及政治演变大势；表侧重阐发历史发展的阶段大势；书侧重探讨天道观和典章制度的演变，并指陈时政；世家侧重表彰维护国家的统一和安定的诸侯；列传侧重记载各色人物活动的成败与穷达之变对历史的贡献，反映广阔的社会生活。几种体裁相辅为用，相得益彰，融合为一个整体，载述了丰富的历史内容，蕴藉着深刻的历史哲学，从而构成了博大思精的体系，使《史记》成为饮誉中外的名著。

二、《史记》书法

书法，即一书的写作凡例，对于《史记》来说，内容广泛，五体结构、取材原则、表述方法等等，皆有书法。限于篇幅，本题只谈《史记》记事实录的书法。班固在《汉书·司马迁传》的赞语中引刘向、扬雄之言给予了崇高的评价。其言曰：

> 自刘向、扬雄博极群书，皆称迁有良史之才，服其善序事理，辨而不华，质而不俚，其文直，其事核，不虚美，不隐恶，故谓之实录。

这段话是对司马迁《史记》史学价值最公允的评价，也是两汉刘向、扬雄、班氏父子四位大学者一致的定评，至今保有权威。下

① 《报任安书》，载《汉书》卷六十二《司马迁传》。

分三个细目解读。

1. 善序事理

两汉学者评价司马迁“善序事理”，表现为“辨而不华，质而不俚”。这是从《史记》的文采方面立论。“辨而不华”，指《史记》叙事，翔实而不空疏；“质而不俚”，指叙事有文采，质朴而不粗俗。这两个特点，明何乔新作了具体阐释，他说：“如叙游侠之谈，而论六国之势，则土地甲兵，以至车骑积粟之差，可谓辨矣，而莫不各当其实，是辨而不华也；叙货殖之资，而比封侯之家，则枣栗漆竹，以至籍藁鲐鲨之数，可谓质矣，而莫不各饰以文，是质而不俚也。”[①] 何氏的评述和所举例证，都极为精当。如《货殖列传》，记叙各地都市、地理、气候、物产、风俗、人情，样样皆为实录而文采斐然，内容翔实而不浮华，行文质朴而不粗俚，全篇布局精妙，就是一篇善叙事理的奇文。

文采是“叙事”的表现形式，而内容实质，就是一个“叙”字。司马迁“序帝王”“记侯国”“系时事”“详制度”“志人物”，全都是叙事，目的是“通古今之变”，要在历史实录中把握社会事势之变，阐明历史演变因果，表明自己的看法和分析，这就是理。叙事说理，不华不俚，生动形象与事理交融，天衣无缝，这是历史书法。例如《五帝本纪》，熔铸剪裁古史文献，司马迁都能在叙事中贯注了黄帝开创一统和尧、舜明德的历史观点。清人吴见思评论说：“尧、舜二纪，纯用《尚书》、《孟子》，略改字面，便是太史公之文，不是《尚书》、《孟子》之文。且既经删改，而运用插和，绝无痕迹，岂非神手！”[②]

---

① 《何文肃公文集》卷二。

② 《史记论文·五帝本纪》。

《史记》中蕴含了司马迁整套的叙事述史的书法，如大场面描写，细节构思，对比映衬，虚实详略，氛围渲染等文学手法，限于篇幅，不一一展开。《史记》行文，谋篇布局，结构巧妙，是善叙事理的一大特色，一大关节。此外，司马迁在一篇之中的段落层次，以至一句之中的字法变化，也十分讲究叙事笔法。如清人李晚芳评《伯夷列传》说："一篇之中，忽序忽断，如论如赞，若吊古，若伤今，令读者迷离，莫名其妙。"吴见思评《汲黯列传》说："忽序事，忽行文，忽而简质，忽而铺排，逐段变换，又有山回谷转、云破月来之妙。"这说的是叙事段落笔法的变化。牛运震评《廉颇蔺相如列传》中"完璧归赵"一节说："一璧耳，变出易璧、奉璧、完璧、授璧、得璧、求璧、取璧、持璧、破璧、送璧、归璧、留璧，字虽非经意，即有多少生情处！"[①] 这是说字法变化。一个"璧"字，随着情节发展，用一系列不同的动词变化，描写场景的转换，表现人物心态的变化，酣畅淋漓地刻画了蔺相如大智大勇的形象。由此可见，司马迁叙事段落起伏，以及文字变化，完全是为了写好人物或者增强说理服务的，非大手笔，不能为此。

2. 记事实录

记事实录，又称实录精神，或直笔精神，它是我国古代史学的一个优良传统。两汉大儒都评价《史记》实录精神着重表现在以下三个方面。

（1）其文直，其事核。文直事核是实录的最基本精神，也是历史著述最基本的方法。它要求史家作史有据，要全面地占有材料，承认客观事实的存在，全面而系统地直书史事，不做任何曲笔或漏略。司马迁写历史，全方位地展现社会生活，他写了各色人物的传记，反映了历史的本质，这

① 《史记评注》卷八十一。

是实录精神的一种反映。忠于实录，从更高的标准来看，它不是记流水账，而是要捕捉事件和人物的典型性，它表现为一个史家高远的识见，反映在史例史体中。司马迁为项羽、吕太后作纪，为孔子、陈涉、后妃立世家，就是实录精神升华为卓越史识的一种表现。

实录精神要求对具体史实的载述，要符合事实的本来面貌，不能随从流俗和习惯，对讹传的史事要作细致的调查和考证。这些方面，司马迁做得很出色。他在许多篇章作出交代，说明所引据的史籍或其他根据。如《五帝本纪》："予读《春秋》《国语》"；《殷本纪》："自成汤以来，采于《书》《诗》"；《高祖功臣侯者年表》："余读高祖侯功臣，察其首封"，等等。又如司马迁在五帝、夏、殷、周各篇的"太史公曰"中，对古史的考证作出了说明。写五帝事迹，是综合各种材料"择其言尤雅者"；夏、殷两代的姓氏，夏禹之崩于会稽，殷人之习俗，周室何时迁居洛邑，都作了认真的考证，可见司马迁作史的谨严态度。

（2）不虚美，不隐恶。这是在"文直事核"的基础上的进一步发展，它要求史家具有求是存真的高尚史德，不仅要善恶必书，具有两点论；而且要"明是非"，"采善贬恶"。自觉地表明对史事人物的褒贬爱恨，而且要做到恰如其分。司马迁明确反对"誉者或过其实，毁者或过其真"的主观臆断①。所以司马迁论载史事人物，一般不作全盘肯定或全盘否定，而是原原本本地讲清楚人物行事和客观事物的变化和发展，依据事实给予恰如其分的评价，不虚美，不隐恶。例如，司马迁反对秦朝的暴政，却肯定秦朝的统一之功和制度体系；司马迁颂扬汉家一统，却又深微地揭露和刺讥汉家帝王的一些隐私和时政；司马迁肯定项羽灭秦之功，把他塑造成

---

① 《史记》卷六十七《仲尼弟子列传》。

一个叱咤风云的英雄人物，但也揭露和批判了他的残暴不仁；司马迁同情李广，形象生动地描写了他的英勇善战和爱国主义情怀，并给予了高度评价，但并不饰过；司马迁极其憎恶酷吏，却也肯定了廉洁不枉法的酷吏；如此等等，力求做到尊重客观的历史实际。因为只有实录的历史，才能提供真正有益的教训，使历史起到镜子的作用。

（3）书法不隐，写当代汉史赋予了深刻的批判精神。刘知幾称赞古代的直笔史家说："董狐之书法不隐"，"齐史之书崔弑，马迁之述汉非，韦昭仗正于吴朝，崔浩犯讳于魏国"[①]。这些直笔史家，以司马迁成绩为最大。刘知幾着重指出，史家直笔，贵在对现实生活不合理部分的批判，特别肯定了司马迁的"述汉非"。如果一个史家没有批判现实的勇气，没有爱憎分明的立场，没有直言不讳的精神，那么史家就丧失了史德，也就没有史家的地位和历史的价值。司马迁"述汉非"被东汉王允斥为"谤书"[②]。章怀太子李贤注云："凡史官记事，善恶必书。谓迁所著《史记》，但是汉家不善之事，皆为谤也，非独指武帝之身。"[③]这说明司马迁"述汉非"的内容，不只是刺讥汉武帝，它涉及了百年汉史的整个纵横面。司马迁对汉朝最高统治者刘邦到汉武帝，对汉代文质彬彬而竞荣逐利的儒生，对汉武帝时代的社会矛盾，都作了深刻的"微文刺讥"。例如"受命而帝"的"大圣"刘邦，他的自私、刻薄、猜忌、冷酷，在司马迁笔下，得到淋漓尽致的反映。清人王鸣盛从《史记》描写中总结刘邦品格，说他唯利是图，顽钝无耻，"有急则使纪信代死，不顾子女，推堕车下；鸿沟既画，旋即

① 《史通》卷七《直书》。

② 王允语见《三国志·董卓传》裴注引谢承《后汉书》，又见范晔《后汉书·蔡邕传》。

③ 注文见《后汉书·蔡邕传》注。

背之；屡改穷蹙，不以为辱；失信废义，不以为愧也”[①]。

汉儒的代表为叔孙通、公孙弘、董仲舒。叔孙通草具汉仪法，公孙弘倡导儒学，董仲舒治“公羊春秋”宣扬大一统。司马迁对这三个赫赫有名的人物，均在平实的记述中，肯定了他们的业绩，同时也对他们各自的个性弱点予以意味深长的讽刺。叔孙通之“谀”，公孙弘之“诈”，董仲舒之“迂”，都描绘得十分形象而生动。

3. 寓论断于序事

一部史书只有事实的堆积，而无史家的论断，它只是一部资料总汇而不是历史著作。司马迁首创史论形式，称“太史公曰”，直接发表史家的论评，为后代史家所继承，“班固曰赞，荀悦曰论，东观曰序，谢承曰诠，陈寿曰评，王隐曰议，何法盛曰述，扬雄曰撰，刘昞曰奏，袁宏、裴子野自显姓名，皇甫谧、葛洪列其所号”[②]。名称虽殊，但都是效法司马迁作史论。“太史公曰”，内容丰博，涉及政治、经济、军事、思想、文化、天文、地理、历史、伦理、世俗、形势、人事等等，往往补篇中所未备。“太史公曰”，议论宏阔，笔势纵横，言辞精练，旨义深微，或考证古史，或叙游历所得，或揭示取材义例，或明述作之旨，或褒贬人物，或纵论史事，或隐微讥刺，皆直抒胸臆，观点鲜明，构成了系统的历史学理论。司马迁所引典籍及君子之言，如《诗》、《书》、孔子、诸子等，皆化为自己的语言，并且大量引用诗赋歌谣及俚语俗谚来加强评论的生动性和通俗化。

司马迁还创造了更高级而隐蔽的史论，把作者的论点贯注在叙事中，不言而评论自见。清人顾炎武首发此论，他在《日知录》卷二十六中说：“古

① 《十七史商榷》卷三。

② 《史通》卷四《论赞》。

人作史，有不待论断而于序事之中即见其指者，惟太史公能之。《平准书》末载卜式语，《王翦传》末载客语，《荆轲传》末载鲁勾践语，《晁错传》末载邓公与景帝语，《武安侯田蚡传》末载武帝语，皆史家于序事中寓论断法也。”今人白寿彝先生指出：司马迁的这种方法，在“历史写作上，给我们开创了一个很好的范例”[①]。肯定了这是历史叙述中的一种好方法，至今仍有借鉴意义。

寓论断于序事，借他人语只是形式之一，而最基本的形式是在历史叙述过程中就表达了作者的爱恨和褒贬，唯司马迁能之。如《淮阴侯列传》用重笔叙写韩信拒武涉、蒯通之说，可以说就是司马迁用事实为韩信辩诬，寓论断于序事的妙笔，韩兆琦先生在《史记书法释例》一文中[②]，总括了十例，可以说都是寓论断于序事的文理构思。具体内容为：其一，明知史实不确，亦必记入，以见作者的观点、理想。如《赵世家》载程婴、公孙杵臼义存赵孤之事，《滑稽列传》载优孟之效叔孙敖之事，不过是借事以道义，至于事实的有无，则不重要。其二，基本事实或有，而夸张虚构细节，以求故事生动感人。其三，书写神灵怪异，若有介事，实乃厌恶其妖言惑众。其四，记载“阴谋阳祸”，似信天命，实乃借以抒发愤世不平。其五，著录荒诞传闻，以表个人之爱憎。其六，故露矛盾破绽，以见大事之隐情。其七，口赞其是，实则正鄙其非。其八，口斥其非，实则正叹其是。其九，引入大段言论，以翻历史冤案。其十，细节饱含感情，以发难言苦衷。我们还可以列举一系列史笔与文笔的书法创例，如叙事安排的次序颠倒、对比衬托等，都可泛含在寓论断于序事的大题之中。在《史记》一书中，寓

① 白寿彝：《司马迁寓论断于序事》，《北京师范大学学报》1961 年第 4 期。

② 韩兆琦：《史记评议赏析》，内蒙古人民出版社，1985 年。

论断于序事最精彩的笔触，也总是体现在最典型的人物传记中。例如秦始皇、汉高祖、项羽、陈涉、萧何、曹参、张良、陈平、周勃、吴起、商鞅、战国四公子、屈原、贾生、李斯、蒙恬、张耳、陈馀、淮阴侯、叔孙通、万石君、魏其武安侯、李将军、刺客、游侠等人物传记，都是运用各种笔法实写历史事迹来说明、论断历史问题，有关文学细节构思也是从属于史实的。总之，“寓论断于序事”，是立足于史论结合，冶文史于一炉的有效方法之一。历史功能是自然妥帖的“摆事实”“讲道理”的方法。白寿彝先生指出：“应该学习司马迁，让历史事实说话，作者不要站在前面大声吆喝”，不要“强加于人”，肯定了这一方法在今天仍有借鉴意义。“寓论断于序事”的文学功能，就是不发空论，通过事实把道理说透，把人物写活，表达了飞扬的神韵，引导读者自然而然地对人物评价得出结论。总括这两个方面，可以说“寓论断于序事”是太史公创作的文史交融的叙事笔法，也是《史记》散文叙事的一大特点。

三、《史记》对中国史学的贡献

《苏联大百科全书》称司马迁为“中国史学之父”。《史记》的问世，对中国史学产生了巨大、深远的影响，最主要的贡献有以下四个方面。

1. 奠定了中国史学的独立地位

中国史学的产生有悠久的历史。早在殷商时代就有史官，但这些史官只是记载商王的言行，并负责占卜工作，类似宗教职员。周代继承这一传统，到春秋、战国时代，史籍产生，有所谓“左史记言，言为《尚书》；右史记事，事为《春秋》”的说法。即《尚书》是“左史记言”的典范著作，《春秋》是“右史记事”的典范著作。列国史官形成的著作有晋之《乘》、郑之《志》、楚之《梼杌》、鲁之《春秋》等，均属记言、记事的性质，很少有历史过程的记述与研究。《逸周书》《左传》《国语》《周礼》《仪礼》《世本》《竹书纪年》《战国策》等，也属史籍，其特点多为资料汇编，内容庞杂，文字疏简，记事粗略，史实中杂有神话、传说、寓言，又多有后人的增饰，真伪并存，而且先秦史籍没有系统、全面地记载人类的社会活动，只是反映了片段历史，没有独立成为史书，也没有独立的史家概念。殷商是中国史学的萌芽时期，春秋、战国、秦是中国史学的童年，史籍只是经部的附属。

《史记》的问世，改变了这一状况。司马迁以“究天人之际，通古今之变，成一家之言”为宗旨，创作了上起黄帝、下迄汉武三千多年的通史，不仅把历史撰述从一个狭小的天地引向了广阔无垠的大千世界，而且以人为主体，建立了崭新的历史观认识体系，这是前无古人的。

《史记》与先秦史籍比较，它是由量变发生了质变，《史记》是一部真正的历史著作，它结束了中国史学的童年而走向成熟。由于《史记》的影响和带动，司马迁之后，史籍蓬勃发展，两汉以后，史籍独立成部，蔚为大观。东晋李充著《四部书目》，史籍已在四部目录中部居第二。

2. 规范了史学研究的对象和范围

《史记》把国家大政、社会生活、学术学问，即古今万物作为史学研究的对象，开创了百科全书式通史的规模，这种模式、格局遂成为后世史学研究的正宗，使两千年的中国封建史学向着文化史、百科全书的模式发展。虽然《汉书》以降，均断代为史，与《史记》通史有所不同，然而研究对象、范围基本上沿袭《史记》，而且根据社会生活的变化发展，不断发展史学研究的对象、范围。

《史记》中史学研究对象上做出的最大贡献，是确立了人本位，以人为中心。《史记》的本纪、世家、列传，基本上是人传；表是人谱；书是人事、人传。此后历代修史便都遵循人本位的“祖制”。历代正史中的本纪、列传、表基本上都是大端。正史之外的书志体、地方志，也都是以人为本位。学案、《畴人传》等，更是人本位的体现。又如魏晋时谱学兴起，“人尚谱系之学，家藏谱系之书”，修家谱、姓氏谱成风。这是当时门阀制度产生发展的反映，而其史学渊源，实亦与《史记》中的诸表及某些世家相承。表、谱实同类。其对象，仍是人本位。从此以后，中国各地修家谱、族谱长盛不衰，其规模为世界绝无仅有。到清代，谱学之中，年谱修纂异军突起。年谱以人为本位，是人物传的发展，而编年之法又类本纪、表、谱，可见不脱《史记》规范。

3. 创立了史学研究的基本方法

司马迁怎样写历史，即司马迁编纂史学成书的基本方法，主要有三个方面：其一，原始察终，见盛观衰。其二，详变略渐。其三，熔铸改写。

“原始察终，见盛观衰”，这八个字是不可分割的一个整体，一个方法论。司马迁用这八个字来考察人类社会历史的发展，整个历史长河是一个不断兴衰发展的连续系列。“原始察终”，就是追原其始，察究其终。一个历史事件，从哪里开始，到哪里结束，把握历史大势，从历史的全过程来看它的原因、经过、发展和结果。“见盛观衰”，是把握与观察的一个方法，就是在兴旺的时候，要看到它转化的起点。这一方法的理论基础，就是承认历史是在不断地变化、发展。变，是历史的永恒主题。所以司马迁写历史，最高原则与目的就是“通古今之变”。

“详变略渐”，是把握古今的一个原则，又是“详今略古”的一个特例。司马迁对古今关系，基本原则是详今略古，在详今略古的前提下，又“详变略渐”，即详变革之世而略升平之世。《史记》述史三千年，共一百三十篇，百年汉史篇幅过半，有六十二个专篇，兼及其他十三篇，共七十五篇。而五帝三代近两千年，只有五帝、夏、殷、周四篇本纪，三代、十二诸侯两篇年表，共六篇。详今略古还贯穿在每一个历史时期中。为何详今略古？主要有两大原因：一是愈古史料愈少，巧妇难为无米之炊；二是“近己而俗变相类，议卑而易行”，即离今世愈近的历史愈有借鉴价值，这也是详今略古最主要的原因。推广这一原则，愈是变革的历史，愈有借鉴的价值，所以“详变略渐”，成为处理古今关系最重要的原则。

综观《史记》全书，特详四个段落的历史。一为西周建国史；二为战国之世的变革历史；三为秦汉之际的剧变历史；四为武帝建元、元封之间的变革历史。这四段变革历史加起来只有三百多年，只占三千年历史的十分之一，而叙述的内容，占全书五十二万字的百分之八十，即四十余万字。秦汉之际八年，建元、元封之间三十年，合计不到四十年，而叙述的篇目涉及四十四篇，占三分之一，篇幅字数亦约三分之一。

熔铸改写，司马迁称为“厥协《六经》异传，整齐百家杂语”，即现今文学上称的再创作。尤其是写古代史，资料贫乏，司马迁不得不点滴搜求，零散积累。司马迁写黄帝、颛顼、帝喾、唐尧、虞舜五帝，全篇只有三千多字，今可按核的资料来自十余种书，有《尚书》《五帝德》《帝系姓》《国语》《左传》《世本》《庄子》《孟子》《韩非子》《战国策》《吕氏春秋》《礼记》《淮南子》。材料不仅零散，而且风格不统一，各种资料有很大的时间跨度，语言不一，甚或事实抵牾。司马迁把杂乱无章的历史资料，熔铸改写成了可资阅读的历史学著作，其创造精神和方法为后世树立了楷模。

4. 树立了中国史学的进步历史观

司马迁进步的历史观，主体内容可概括为三方面：其一，大一统历史观。其二，发展、进化、变革的历史观。其三，朴素的唯物历史观。限于篇幅，这里就不展开讨论了，只说两个例证，以见其进步性。第一，《史记》开篇《五帝本纪》塑造了人文始祖黄帝，说中华民族皆黄帝子孙。《史记》全书所写列国世家、周边民族、人物列传，追本溯源，都是黄帝子孙。中华民族自称龙的传人、黄帝子孙或炎黄子孙，其中黄帝子孙这一口号最响亮，毫无疑义，应归功于司马迁的创造。中华民族共认一个祖先，最能唤起同血缘、同地域、同文化的民族亲情，中华民族都是龙的传人、黄帝子孙，这一民族大一统观念，数千年来激励了无数的仁人志士为中华民族的生存、繁荣和进步而斗争。“黄帝子孙”至今仍是一个神圣的词语，具有无限的号召力。第二，司马迁述史虽以帝王将相为中心，但有两个显著的进步观点，符合唯物主义的认识论，后世史家不能望其项背。其一，司马迁认为任何一个成功的统治者都不能自以为是，而是必须广泛集中百官群臣的智慧。他说：“尧虽贤，兴事业不成，得禹而九州宁。” 其二，司马迁认为，民心向背，对一个国家的兴亡起决定作用。“民为邦本”，是儒家宣扬的观点；而司马迁的贡献，是生动地描绘了人民群众的创造力量。秦朝之亡，是由于陈涉发难，“风起云蒸，卒亡秦族”；“子羽暴虐，汉行功德”，这是楚亡汉兴的根本原因。孝文帝“专务以德化民，是以海内殷富，兴于礼义”（《史记·孝文本纪》）。汉武帝专事残酷，郡县相聚而叛，“甚者数千人”，阻山川，抗朝命，“无可奈何”（《史记·酷吏列传》）。汉武帝晚年悔征伐之事，下轮台罪己之诏，封田千秋为富民侯，改弦更张，西汉才转危为安，出现了昭宣中兴。这是东汉班固在《汉书》中替司马迁续写的一章。《史记》中的许多进步观点也影响了班固。

陕西黄陵县北桥山黄帝陵

陕西兴平县汉武帝茂陵

第五章 无韵之《离骚》

从形式比较，屈赋与《史记》两者文体不同，内容迥异，一个是抒情诗，一个是史传散文，似有天壤之别。但学术界一致认为二者精神一脉相承，把《史记》与《离骚》相提并论，有许多评论。明杨慎说："太史公作《屈原传》，其文便似《离骚》。其论作《骚》一节，婉雅凄怆，真得《骚》之旨趣也。"[①] 清刘熙载说："太史公文，兼括六艺百家之旨。第论其恻怛之情，抑扬之致，则得于《诗三百篇》及《离骚》居多。"又说："学《离骚》得其情者为太史公，得其辞者为司马长卿。"[②] 刘鹗说："《离骚》为屈大夫之哭泣，《史记》为太史公之哭泣。"[③] 近人李长之说："司马迁的先驱实在是屈原。"[④] 鲁迅的评价，"无韵之《离骚》"，短短五个字，蕴含深厚的内容不仅是指二者思想相通，还包含了《史记》获得了无与伦比的文学艺术成就，如同《离骚》那样永垂不朽。下面就从这两个方面加以阐释，抉发《史记》的文学思想与艺术成就。

---

① 《史记评林》引明代杨慎语。

② （清）刘熙载：《艺概·文概》。

③ （清）刘鹗：《老残游记序》。

④ 李长之：《司马迁之人格与风格》，三联书店，1984年。

一、司马迁发愤著书，其思想与屈原相通

屈原像

屈原是楚文化的杰出代表，司马迁读屈原赋，敬佩他的为人，同情他的遭遇，从思想到精神，从精神到文章，都深深受到了屈原的教育和鼓舞。

屈原是在司马迁时代影响司马迁最大的近代诗人。两人有着相同的坎坷遭遇，命运相通；又有着相同的品格情趣，思想相通。司马迁受李陵之祸发愤著书，并提炼出发愤著书说，直接来自屈原的影响。

1.《史记》愤怨，深得《离骚》情韵

抒情性与叙事性是相对概念。《史记》主要是一部叙事作品，但由于司马迁与屈原有共通的人生坎坷际遇，深受屈原的影响，效其为人，运笔于心，《史记》辞章情采，有浓郁的抒情性与悲剧性，颇似屈赋。《史记》《离骚》，都是作家呕心沥血之作，倾注了鲜明的爱憎感情，因而《史记》行文，深得《离骚》情韵。具体分析，主要有以下三种形式。

其一，《史记》行文夹叙夹议，或以叙代议或以议代叙，叙议结合，使整个作品像一首抒情诗。《伯夷列传》的论赞，就是另一首《天问》。而《屈原列传》则“其文便似《离骚》。其论作《骚》一节，婉雅凄怆，真得《骚》之旨趣也”。又有部分段落颇具抒情意味。大部分篇末的“太史公曰”都有此特征。如《孔子世家》的论赞：“《诗》有之：‘高山仰止，景行行止。’虽不能至，然心向往之。余读孔氏书，想见其为人。适鲁，

观仲尼庙堂车服礼器，诸生以时习礼其家，余祗回留之不能去云。天下君王至于贤人众矣，当时则荣，没则已焉。孔子布衣，传十余世，学者宗之。自天子王侯，中国言《六艺》者折中于夫子，可谓至圣矣！”句句感叹，句句传情。

其二，个别段落如诗般押韵，行文则长短句交错运用，形成参差错落之美，又以重沓、虚字传神等手法，增强语言的节奏感。更有直接以诗歌的韵文形式，构成一唱三叹的抒情效果。如《滑稽列传》淳于髡论酒一节，其文如行云流水，唱叹有致：

> 赐酒大王之前，执法在傍，御史在后，髡恐惧俯伏而饮，不过一斗径醉矣。若亲有严客，髡帣韝鞠𦚾，侍酒于前，时赐余沥，奉觞上寿，数起，饮不过二斗径醉矣。若朋友交游，久不相见，卒然相睹，欢然道故，私情相语，饮可五六斗径醉矣。若乃州闾之会，男女杂坐，行酒稽留，六博投壶，相引为曹，握手无罚，目眙不禁，前有堕珥，后有遗簪，髡窃乐此，饮可八斗而醉二参。日暮酒阑，合尊促坐，男女同席，履舄交错，杯盘狼藉，堂上烛灭，主人留髡而送客，罗襦襟解，微闻芗泽，当此之时，髡心最欢，能饮一石。故曰酒极则乱，乐极则悲；万事尽然。

其三，大量诗赋和民间谚语歌谣的引入，尤其是作品中人物的即景作歌，更增强了文章的抒情色彩。《大风歌》对国家未来的隐忧，“四顾寂寥，有伤心者”的心境及深沉的反思；《鸿鹄歌》的无奈与凄惶；《易水歌》的慷慨悲壮……都成为千古绝唱。至于《垓下歌》更是“一腔愤怒，万种低回，地厚天高，托身无所，写英雄失路之悲，至此极矣”。而这类诗赋，正像清代周亮工所指出的那样：“垓下是何等时？虞姬死而子弟散，匹马逃亡，身迷大泽，亦何暇更作歌诗？即有作，亦谁闻之，而谁记之欤？吾谓此数语者，无论事之有无，应是太史公笔补造化，代为传神。”[①] 显然，在表现某种特殊情景时，作品的主人公慷慨悲歌，用诗句和歌声道出内心的各种感受，已成为文学创作的一个重要抒情模式。

2. 司马迁尚奇，继承了《离骚》浪漫主义的精神

司马迁尚奇，西汉扬雄首发此论。唐司马贞附其议。清章学诚在《文史通义·史德》篇说司马迁是“贤者好奇”。近人李长之认为，司马迁好奇是继承了屈原《离骚》的浪漫主义精神的“最露骨的表现”[②]。屈原好奇，在《离骚》中有着充分的表现。他以鸷鸟自比，以精玉为粮，驱策龙凤，役使风云雷神上天下地，真可以令人叹奇观止了。所以刘勰称《离骚》为奇文。

司马迁的好奇审美观又是从“发愤”精神中引申出来的，所以好奇的内容又是现实的，与屈原的好奇有所区别。屈原好奇，充满幻想，他以香草美女自喻，通过神游往古，访圣求贤，餐菊饮露等的描写来抒发自己的奇情奇趣和高尚胸怀。司马迁好奇，是好奇人奇事，李长之径直解释为“爱才”，就是爱好奇人奇事。用司马迁的话来说，就是爱那些“忠臣死义之士”，“辅拂股肱之臣”，“扶义俶傥，不令己失时，立功名于天下”的人。司马迁在忠于史实的前提下，描写“奇伟倜傥”之人的奇行、奇言、奇策、奇计、奇伟功业或奇伟德行。例如，写项羽，他是一个“力拔山兮气盖世”

① 转引自钱锺书：《管锥编》。

② 《司马迁之人格与风格》，三联书店，1984 年。

的奇人，身长八尺，力能扛鼎，长有重瞳子；他有奇行，巨鹿之战惊天动地，鸿门宴上仁如妇人，垓下突围悲歌别姬，乌江自刎以头赠人。写荆轲，易水送别风云变色，秦廷行刺鬼泣神惊。写妇女，卓文君夜奔，太史嫩女自择婿，聂荣赴死扬弟之名，缇萦上书救父，她们是奇女。写游侠，一诺千金，不爱其躯。写重义，程婴、公孙杵臼为救赵孤而献身。写知遇，豫让漆而为厉、吞炭变哑为知己报仇。写发愤，范雎入秦，孙膑走齐，吴起干将，越王勾践卧薪，无不充满传奇色彩。总之，司马迁好奇，是“传畸人于千秋”，他要塑造一系列人灵之精的奇节异行，讴歌英雄主义。

司马迁与屈原两人具有共通的傲世精神，一是基于进步的政治主张，一是共同蒙受了不平的遭遇。他们都是才不世出，学问渊博的学者，有理想、有抱负，又刚直不阿，“正道直行，竭忠尽智，以事其君”，但却“信而见疑，忠而被谤”，一个遭放逐，一个受腐刑，正由于此，司马迁对屈

湖南汨罗屈原墓

原的思想感情、生平志趣、政治遭遇，以及作品抒情，发生了强烈的共鸣。屈原的作品具有强烈的批判性，锋芒所指，上至楚君，下至党人，卖国贼、专权者、嫉妒者、造谣者，统统成了笔下的鞭挞对象。司马迁以屈原为榜样，无所畏惧地批判了汉代帝王的种种劣迹，剥去皇帝头上的神圣光圈，把刘邦的无赖，汉景帝的寡恩，汉武帝的残酷、迷信和好大喜功，一一暴露在光天化日之下。至于那些厚颜无耻的小人如田蚡，阿谀逢迎的市侩如叔孙通，外宽内深的伪君子如公孙弘，尸位素餐的平庸官僚，如狼似虎的贪吏、酷吏，司马迁有区别地作了有力的揭露和鞭挞。他这种不畏权势、不媚权贵的刚正性格，正是屈原精神的真正继承者。至于他们积极的政治热情，讥刺时政的锋芒，并不是为了个人利益的得失，而是带有一种深沉的思考，深重的忧患，忧国，忧民，忧社会。忧患意识促使敢于坚持真理的思想家大胆揭露社会矛盾，奋力与污浊的社会现实抗争。司马迁与屈原正是这样的诗人、哲人。他们的精神也给后代进步文人产生了积极的影响。

二、《史记》对中国文学的贡献

《史记》对中国文学的贡献，即是司马迁对中国文学的贡献，主要有四个方面：其一，语言巨匠；其二，散文大家；其三，创立传记文学；其四，中国文学理论的先驱者。

1. 语言巨匠

语言与情节是文学创作的最基本元素。语言巨匠，就是文学大家。《史记》语言之优美，不仅独步当时，而且为后世人所不可企及。《史记》中，短句一个字，长句四五十字，当代汉语中的各种复杂句型，《史记》全有。《史记》语言生动、流畅，而又雄健峻洁，婉曲细微，形成独特的风格。在司马迁生活的时代，汉赋是最流行的标准的文学语言。汉赋在句式上喜用骈句、偶句、排比，音韵上讲究抑扬谐妙。这种贵族化、形式主义化，并与口语分家的语言，是不能胜任记叙复杂的历史事件的，更不能用以描写人物，刻画形象。司马迁为了实现“究天人之际，通古今之变，成一家之言”的理想，在全面继承古代书面语言与学习民间语言的基础上，大胆创新，在《史记》中创作出了运用自如用以叙事的通俗化散文语言。这种语言的特点用八个字概括：“长短相间，参差错落。”司马迁遣词造句，句式灵活而多变，长长短短，组成文章错落有致，增强了语言的表现力。具体说，司马迁创造的通俗语言增强的表现力有三个方面。其一，引用先秦文献资料，对晦涩难懂的古文进行了汉代通行语的翻译；其二，大量采用和提炼民歌谣谚及方言俚语叙事，丰富了语言的内容；其三，司马迁精意锤炼用于刻画人物的语言，使之口语化、个性化。例如《张丞相列传》中写周昌口吃，模拟周昌神态说：“臣口不能言，然臣期期知不可！陛下虽欲废太子，臣期期不奉诏！”其中“期期”是周昌急于表态而又口吃说不出话时发出的声音，描摹周昌又急又怒的神情，活灵活现。又如《李将军列传》写霸陵尉醉酒，呵止李广不得夜行，说：“今将军尚不得夜行，何乃故尔！”这是模拟装腔作势的醉汉语言，表现醉汉神态，十分精妙。再如《魏其武安侯列传》在东朝廷辩一节中，司马迁通过切合各人身份、品格个性的语言，把窦婴之怒，田蚡之奸，韩安国之圆滑，王太后之愚泼，汉武帝之难言，惟妙惟肖地再现出来，使各个人物的情态历历如在眼前。最精妙的语言模拟，出口便知说话人的身份。如《张耳陈馀列传》写蒯通说范阳令曰：“窃闻公之将死，故吊。虽然，贺公得通而生。”出口就是说客口吻。

总之，司马迁运用语言的成功，是他精意学习和锤炼语言，使之口语化、通俗化、个性化的结果。司马迁还运用各种修辞手段，如夸张、素描、对话、重沓、加倍形容、场景捕捉、心理独白，以及用虚字传神等来加强语言的文学性，打破平铺叙述的史笔，所以《史记》文章极富文采，这和班固的严谨形成了截然不同的风格。司马迁正是用他独创的具有魅力的语言，塑造出了一个个形神俱备，栩栩如生，个性鲜明的人物形象。

2. 散文大家

汉代文章两司马，是指司马迁与司马相如，这是文史大家班固的评论。班固在《汉书·公孙弘卜式兒宽传》赞语中评论说："文章则司马迁、相如。"班固推崇《史记》散文之优美，与辞赋大家司马相如比肩，足见司马迁是一代散文大家。唐宋八大家掀起的古文运动，就是以司马迁为旗帜，把《史记》树为追慕学习的典范。韩愈论《史记》雄健，柳宗元论《史记》峻洁，韩柳并师法《史记》作文。《史记》文章为汉代散文典范，从此确立。明清人评点《史记》，对其文章艺术美的研究，挖掘更深，尤以清桐城派的评点，成绩最大。方苞用"义法"论《史记》，已经明确地触及内容与形式统一的认识。方苞说的"义"就是"言有物"，即文章的内容；"法"就是"言有序"，即文章的表现形式。"义以为经而法纬之，然后为成体之文"，也就是内容与形式的高度统一，才是富有文学价值的好文章。桐城派另一大家刘大櫆，在方苞义法说的基础上，进一步探索《史记》散文的艺术美，指出《史记》文法有"大""远""疏""变"四大特点。桐城派最后一位代表人物林纾，他对《史记》散文艺术美的研究卓有成绩。他撰写的《春觉斋论文》，对《史记》文章情韵之美，以及运用虚字和结尾艺术做了不少具体分析，发前人所未发。

3. 创立传记文学

刘勰《文心雕龙》标立“史传”专题，明确地把《史记》人物传记包括在文学范围之内。从人物形象塑造的角度评价《史记》的文学性，文章结构转折波澜，细节描写具有小说因素。最早把《史记》与小说相提并论的是明嘉靖间人李开先。他在《词谑》一书中说：“《水浒传》委曲详尽，血脉贯通，《史记》而下，便是此书。”李开先把《水浒传》的情节安排与文章技巧与《史记》的文章技巧联系起来。到明末清初，金圣叹径直把《史记》、《庄子》、《离骚》、杜诗、《水浒传》、《西游记》并称为“六才子书”。金圣叹在《水浒传》和《西厢记》的评点中多次赞扬司马迁的文笔。尤其是《史记》与小说的关系，金圣叹有深刻的认识。他在《读第五才子书法》中说：“《水浒传》方法，都从《史记》出来。”这些评论指出：中国文学的写人艺术，就是从司马迁创立史传文学开始的。所以中国传统小说，人物塑造带史传特点，以故事情节取胜，其实就是师法司马迁。

4. 司马迁是创立中国文学理论的先驱者

先秦时代，文、史、哲各学科还是混沌一片，正处于分立的前夜，各学科的理论建立还是萌芽状态。当时文学、史学的概念尚未提出，各家有各自的学说，统称百家。司马迁写作《史记》，宣称“自成一家言”。言，就是理论和主张。自成一家，就是别立一家，有理论，有主张。《史记》跨史学、文学两家，司马迁对史学、文学都有一系列的理论与主张。正由于此，《史记》才成为既是史学，又是文学，《史记》的成就，推动了史学与文学的分途。那么司马迁都有哪些文学理论与主张呢？是否超越了前人，启迪了后人？可以说司马迁是第一个较为系统地提出了他对于文学的理论与主张，其主要内容可以概括为以下四个方面。

第一，开始注意文学的特点，区分文学与学术的界限。“文学”一词出现很早，《论语·先进》：“文学，子游、子夏。”子游、子夏都是孔子的高足，这里的文学主要是指经学。在《史记》中多次出现。《孝武本纪》：“上乡儒术，招贤良，赵绾、王臧等以文学为公卿。”《袁盎晁错列传》：“晁错以文学为太常掌故。”《儒林列传》：“今上即位，招方正贤良文学之士。”其中的“文学”，均指精通文献典籍的学士，是一个复合词组的概念，精通儒家的典籍，即精通经学，因此汉代“文学”一词往往指儒家典籍，即经学。

对于诗赋、文章的文学特质，司马迁有明确的认识。他创造了“文章”“文辞”“文采”“辞”等词语来描述之。如《三王世家》：“文辞烂然，甚可观也。”《屈原贾生列传》：“屈原既死之后，楚有宋玉、唐勒、景差之徒者，皆好辞而以赋见称。”《报任安书》：“所以隐忍苟活……鄙没世而文采不表于后也。”这些均表明了司马迁有意识地突出文学的特质，以与非文学的学术相区别，对当时和后世文学观念及文学实践具有重大的推动作用。班固修《汉书·艺文志》就明确地把诗赋别为一略。

第二，重视文学创作和文章家。司马迁为屈原、贾谊、邹阳、司马相如等文学家立传，大量引载他们的作品入传，开创重视文学创作与文学家的先河。

第三，强调文学作品的讽刺作用，提出了“发愤著书”说。在我国古代文学发展史上，讽刺是现实主义文学作品创作的一个重要方式。先秦儒家就十分重视文学作品的社会功能。孔子说：“诗可以兴，可以观，可以群，可以怨。迩之事父，远之事君。”（《论语·阳货》）《诗·关雎序》：“风，风（讽）也，教也，风以动之，教以化之。”要求文学作品发挥感人、化人、移风易俗的作用。司马迁肯定屈原、司马相如赋的讽喻价值。《史记·屈原贾生列传》称赞《离骚》："上称帝喾，下道齐桓，中述汤武，以刺世事。明道德之广崇，治乱之条贯，靡不毕见。"《太史公自序》："作辞以讽谏，连类以争义，《离骚》有之。"司马迁在《史记》中把讽刺艺术发挥到了极致。至于他提出的"发愤著书"说，强调作家的写作动机是"发愤"，不仅继承了孔子说"诗可以怨"的传统，更多的是继承和发展了《离骚》"发愤以抒情"的文学观，在文学理论上具有重大的开拓作用。唐李白倡言："正声何微茫，哀怨起骚人。"（《古风其一》）韩愈《送孟东野序》："大凡物不得其平则鸣……人之于言也亦然，有不得已者而后言，其歌也有思，其哭也有怀。凡出乎口而为声者，其皆有弗平者乎！"宋欧阳修也说："非诗之能穷人，殆穷者而后工也。"（《梅圣俞诗集序》）清赵翼《题元遗山集》："国家不幸诗家幸，赋到沧桑句便工。"这些议论与司马迁"发愤著书"说一脉相承。

第四，主张作家思想品格与作品内容一致，作品内容与形式一致。司马迁以此原则评论前代作家与作品。如评价屈原说："其文约，其辞微，其志洁，其行廉，其称文小而其指极大，举类迩而见义远。"这里，司马迁认为作家的思想品格对作品的内容有决定性的作用。由于屈原具有"志洁""行廉"的伟大人格，才有千秋不朽的《离骚》，其作品才有深厚的内容，才具有沁人心脾的含蓄美。而司马相如等一些辞赋家由于多缺乏这种人格美，所以他们的作品多"虚辞滥说"，或只有形式上的"从容辞令"，做不到"文约"而"义远"。

司马迁除要求艺术与人格统一外，还要求作品有深厚的内容，有美的语言与美的形式。汉武帝封三子为王，本无事迹可述，只因封册文"文辞烂然，甚可观”而作《三王世家》。《儒林列传》中记叙要求群臣奏章“文章尔雅，训辞深厚”。司马迁作《史记》，要求有“文采”以便流传后世。正因司马迁的刻意追求，所以《史记》才能以丰富多彩的内容和别具一格的纪传体形式，与优美语言完美地结合在一起，从而成为文史结合与文质结合的典范，以至于达到了鲁迅评价的“史家之绝唱，无韵之《离骚》”之境界。

第六章　历代的《史记》研究

《史记》问世两千多年来，阅读和研究它的人不可胜数，并传播海外。各种校勘、注释、考证、评论等专著大量出现，成了一项专门学问，即“史记学”。“史记学”之名由宋人王应麟提出。他说：“司马氏《史记》有裴骃、徐广、邹诞生、许子孺、刘伯庄之音解……《史记》之学，则有王元感、徐坚、李镇、陈伯宣、韩琬、司马贞、刘伯庄、张守节、窦群、裴安时。”[①] 王应麟称“史记学”为“《史记》之学”，形成于唐代，这与实际的发展是吻合的。大体说来，汉唐是“史记学”的形成时期，宋元明清及近代是“史记学”不断深入发展的时期，建国以来的现当代是“史记学”的高峰，是全面丰收的时期。

一、汉唐时期的《史记》研究

由汉至唐开元年间“三家注”问世，历经八百余年，“史记学”形成。

1.《史记》流传，为杨恽所布

司马迁《史记》完成之日，正是汉武帝“罢黜百家、独尊儒术”的思想确立之时，战国时代“百家争鸣”的局面荡然无存，人们的思想受到禁锢。在正统思想家眼里，《史记》是离经叛道之作，被目为“谤书”。因此，

---

① 《玉海》卷四十六《唐十七家正史》。

《史记》在两汉时上层统治集团中的传布，受到政府严格的控制。《汉书·宣元六王传》载，成帝时，东平王刘宇来朝，上书求《太史公书》，成帝以问大将军王凤。王凤以为《太史公书》有“战国从横权谲之谋，汉兴之初，谋臣奇策，天官灾异，地形厄塞，皆不宜在诸侯王，不可予”。成帝竟纳其言，遂不与东平王书。

《史记》流布民间，是宣帝时司马迁外孙杨恽向外传播的。《汉书·司马迁传》载其事云：“迁既死后，其书稍出。宣帝时，迁外孙平通侯杨恽，祖述其书，遂宣布焉。”从此开始了《史记》的研究，如同西汉古文经学一样，在民间士大夫中流传，到了东汉逐渐扩大。汉班彪续作《史记后传》六十五篇，其子班固扩充独立为《汉书》。《汉书》由于受到统治者的宣扬，加之是一部汉代近代史，首尾完具载述西汉一朝，所以成书不久，就大行于世，被目为五经之亚。《汉书》却是仿《史记》的体例。反过来，它推动了《史记》的流传。东汉后期，《史记》流布渐广。桓帝时，《史记》已成为司马迁书之专名。这时已有两部《史记》音注书问世。有延笃《音义》一卷，无名氏《音隐》五卷[①]。延笃，东汉顺桓时人，传见《后汉书》卷五十四，卒于桓帝永康元年，即公元 167 年。

2. 汉代学者对《史记》的批评

两汉是“史记学”的厄困时期。汉儒对《史记》多持批评态度。最早批评《史记》的学者是西汉末年的哲学家和文学家扬雄。《汉书·扬雄传》班固转述雄言曰：“太史公记六国，历楚汉，讫麟止，不与圣人同，是非颇谬于经。”扬雄又在《法言·重黎篇》中对照司马迁与孔子思想的不同点，指出：“仲尼多爱，爱义也；子长多爱，爱奇也。”这里将司马迁传

① 见《史记索隐后序》。

人之“奇”是作为儒家“义”的对立面而提出的，表现了扬雄的卫道立场。他的“是非颇谬于经”的指责，实开班彪、班固父子批评《史记》的先河。《汉书·司马迁传·赞》载其言曰：

> 论大道则先黄老而后六经，序游侠则退处士而进奸雄，述货殖则崇势利而羞贱贫。

这就是所谓的不合于“义”的“史公三失”。在东汉随着儒学的神秘化，在统治集团，《史记》受到严厉的非难。光武建武四年(28)，博士范升反对为《左传》立博士，涉及《史记》，认为太史公多引《左氏》，抨击《史记》“违戾五经，谬孔子言”[①]。东汉末王允竟直斥《史记》为“谤书”[②]。

班氏父子对“史公三失”的批评，在今天看来无疑是错的。然而在汉代乃至整个封建社会都具有权威性，可以说在“史记学”发展史上左右舆论两千年。批评《史记》者必引“史公三失”为佐证，金代王若虚甚至发出了“迁之罪不容诛矣”的极端论述[③]。肯定《史记》者，不破“史公三失”之说，则不中肯綮。以至历代巨子，如魏晋六朝的王肃、张辅、葛洪、裴松之、范晔；唐宋的刘知幾、晁无咎、秦观、沈括、倪思、黄震、叶适、郑樵；明清的邓以讚、董份、陈仁锡、李贽、袁文典、梁玉绳等，无不对班氏父子的批评或马班优劣展开一次又一次的辩论，形成了一个“史记学”的分支“马班优劣论”，通称“马班异同”。这种争论至今仍在进行，不

① 《后汉书》卷三十六《范升传》。

② 《三国志·董卓传》裴松之注引谢承《后汉书》载王允之言曰：“昔武帝不杀司马迁，使作谤书，流于后世。”王允之言又载于范晔《后汉书·蔡邕传》。

③ 《滹南遗老集》卷十九《史记辨惑》。

过“史公三失”在今天已从唯物史观的角度得到了廓清。它不仅不是司马迁之“敝”，而且恰恰是司马迁思想中光彩夺目之“长”。不过班氏父子虽有“史公三失”之批评，而对《史记》仍然是一分为二的，《汉书》效法《史记》的成功，应该说班氏父子是《史记》一大功臣。但大气候却是对《史记》不利，所以两汉是《史记》的困厄时期，流布不广。

3. 史记学的奠基与形成

魏晋南北朝是史记学的奠基时期，人们对《史记》与《汉书》的注释与研究，并行发展，至隋唐而集中古研究之大成，形成了专门的“史记学”与“汉书学”。这是因为随着汉王朝的瓦解，《汉书》独尊地位受到冲击，《史记》“谤书”之说得到辩诬。客观环境的变化，扫除了《史记》流传的障碍。而这一时期纪传体史学的大发展，又推动了《史记》的研究。

第一个为《史记》“谤书”辩诬的是魏王肃。《三国志·王肃传》载，魏明帝曹叡问王肃曰：“司马迁以受刑之故，内怀隐切，著《史记》非贬孝武，令人切齿。”肃对曰：“司马迁记事，不虚美，不隐恶。刘向、扬雄服其善叙事，有良史之才，谓之实录。汉武帝闻其述《史记》，取孝景及己本纪览之，于是大怒，削而投之。于今两纪有录无书。后遭李陵事，遂下迁蚕室。此为隐切在孝武，而不在于史迁也。”其后，裴松之作《三国志注》，也委

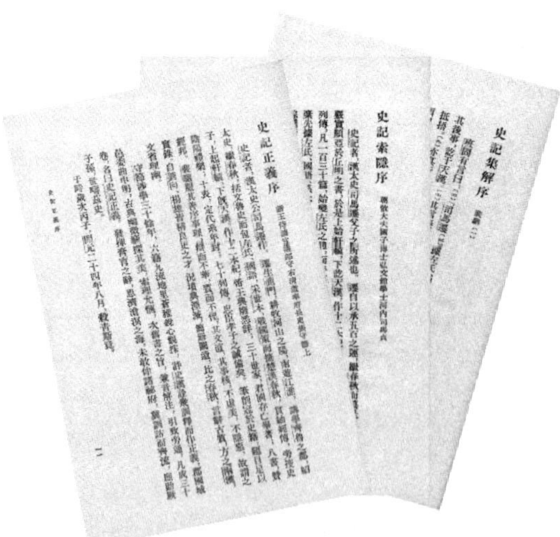

中华书局点校本《史记》三家注《集解》《索隐》《正义》序书影

婉地驳斥了王允的“谤书”说。裴松之云：“史迁纪传，博有奇功于世，而云王允谓孝武应早杀迁，此非识者之言。但迁为不隐孝武之失，直书其事耳，何谤之有乎？”裴松之为尊者讳，不相信“谤书”说出自王允之口，但他驳斥“谤书”说却是旗帜鲜明的。

晋人傅玄、张辅论马班优劣，竟直斥班书不如迁书。《汉书》的独尊地位受到冲击，《史记》日渐受到重视。从魏晋至隋唐，以“三家注”为标志，形成“史记学”发展的一个高峰。这一时期的注家，见于《隋书》及两《唐书》等三书史志记载的有十五家。列目如下：

《史记音义》十二卷，南朝宋徐广撰；

《史记集解》八十卷，南朝宋裴骃撰；

《史记音义》三卷，梁邹诞生撰；

《史记注》一百三十卷，唐许子儒撰；

《史记音》三卷，唐许子儒撰；

《史记音义》二十卷，唐刘伯庄撰；

《史记注》一百三十卷，唐李镇撰；

《史记义林》二十卷，唐李镇撰；

《史记地名》二十卷，唐刘伯庄撰；

《史记注》一百三十卷，唐王元感撰；

《史记注》一百三十卷，唐陈伯宣撰；

《史记注》一百三十卷，唐徐坚撰；

《史记纂训》二十卷，唐裴安时撰；

《史记索隐》三十卷，唐司马贞撰；

《史记正义》三十卷，唐张守节撰。

上列诸家注疏，流传下来的只有三家，即南朝宋裴骃《史记集解》、唐司马贞《史记索隐》、唐张守节《史记正义》，世称“三家注”。“三家注”是汉唐时代“史记学”集大成之作，至今仍有重要的学术地位，是研究《史记》的必读参考书。起初“三家注”各自单行，自南宋起“三家注”与《史记》正文合刻流传，直到今天通行的标准本《史记》都是“三家注”附于《史记》合排。中华书局点校本《史记》继承这一传统，方便读者。

4.唐代奠定了《史记》在史学史和文学史上的地位

《史记》问世，“自成一家之言”，开私人修史之风，《汉书》断代运用纪传体的成功，激发了后代史家的效仿。魏晋南北朝时期的分裂，“以史为鉴”又具有现实意义。因此这一时期史学发达，有一百余家，其中纪传史居于首位。如晋司马彪《续汉书》、陈寿《三国志》，南朝宋范晔《后汉书》、齐臧荣绪《晋书》、齐沈约《宋书》、梁萧子显《南齐书》，北朝北齐魏收《魏书》，都是纪传史名著。有唐建立，最高统治者极为重视修纪传史，颁令为正史，并开设史馆大修前代国史。唐代官修《晋书》《梁书》《陈书》《北齐书》《周书》《隋书》《南史》《北史》，一律用纪传史。唐修《隋书》在《经籍志》中列四部书目为经、史、子、集，而史部又以纪传史为第一，自此纪传史成为修史正宗，具有至高无上的地位。以后历代建国，都开局修前朝历史，中国从此有了一部洋洋大观、贯通五千年文明的纪传体“二十四史”，加《新元史》和《清史稿》合称“二十六史”，《史记》居首，也取得了独尊的地位。《史记》的正史地位是在唐代得以确立的。

唐代科举有“三史”之目，即《史记》《汉书》《后汉书》列为科举考试科目，鼓励士人研习“三史”，通过科举选拔治史人才，这对于学习《史记》起了很大的推动作用。由于统治阶级的提倡，唐代精研“三史”成为时尚，因此唐人的“三史”注解都获得了高水平的成就，这绝不是偶然的。

唐代散文大家韩愈、柳宗元倡导古文运动，反对六朝骈俪遗风，以《史记》为旗帜，从而奠定了《史记》在文学史上的地位。《史记》在唐代的影响是空前的。

自唐以后，扬班抑马倒向，转而扬马抑班，人们对《史记》的评价越来越高，研究和学习《史记》的人也越来越多。集成前代《史记》研究成果的“三家注”在唐代完成，《史记》在史学史和文学史上的地位在唐代得以确立，《史记》研究成了一门学问，与时推移，得到了健康的发展，取得了丰硕的成果，唐人的贡献具有划时代的意义。

二、宋元明清及近代的《史记》研究

宋元明清及近代，是“史记学”不断向前深入发展的主要时期。据不完全统计，这个时期的研究成果总量论著有二三百部，论文近千篇。这一时期的研究有如下一些特点。

其一，流传广布。汉唐之际，书籍为简牍与抄本，受到物质条件的极大限制，自宋以后，图书大量刻印，《史记》于是从少数人的案头读物逐渐成为一般人都能看到的常用书。因此，这一时期研究和阅读《史记》的人日益增多，从名师硕儒到莘莘学子，无论学文、学史，没有不读《史记》的。仅有清一代，研究《史记》留下著述文章的就有三百余人。研习者多，自然名家辈出。其二，研究范围广博，方法细密。大凡“史记学”包涵的主要内容，这一时期都已提出，并有相当的建树。诸如司马迁的时代、生平、思想，《史记》的体例、内容、成书原因、主要成就、价值、影响，以及马班异同、残缺续补、文字真伪、史事牴牾等等，均提出研究，并有所深入。方法有比较，有评论，有考证，用力勤而细密。比如《史记》文字真伪问题，这一时期的学者就做了许多艰苦细致的考辨校定工作。王若虚、赵翼、钱大昕、梁玉绳、崔适、王念孙、何焯、钱泰吉、张文虎、郭嵩焘等都有专门著作。其三，著述形式多样，内容丰博。如果说汉唐时期《史记》研究的主流是注疏，又由于唐代“三家注”的杰出成就，宋代以后注疏只是一个侧面和支流，评点、考证、专题研究成为《史记》研究的主流。大体上说，宋明以评点为主流，清代以考据为主流，近代以思想研究为主流，专题研究马班异同成为专门学问。研究成果的表述，形成多样的著作，有眉批、评点、札记、书后、志疑、考异、测义、知意、达旨、探原、发微、订补、琐言、辑评、集说、读法、评注等等，琳琅满目，应有尽有。大量《史记》论文和皇皇巨著的不断涌现，标志着宋元明清及近代是史记学大发展和深入的重要历史时期。下面着重评述这一时期的主流成果，即宋明人的评点、清人的考证，以及近代的《史记》研究。下分四个细目来说。

1. 宋人的《史记》评点

宋代以前对《史记》的评论只有零星的议论，没有形成风气。宋代统治者重视史学的修撰，《新唐书》《新五代史》《旧五代史》以及《资治通鉴》都在北宋完成。科举考试改诗赋为策论。政治形势影响文化风尚，所以宋代士人钻研史书十分努力，并形成好发议论的习惯，从而开了评论《史记》的风气。宋人刻《史记》和评《史记》成为一代士风。欧阳修、曾巩、王安石、三苏（苏洵、苏轼、苏辙）、二程（程颢、程颐）、罗大经、刘辰翁、黄震、洪迈、郑樵、吕祖谦、晁公武、王应麟、叶适、王若虚，以及秦观、黄庭坚、黄履翁、陈振孙、朱熹、辛弃疾、马存等数十人，都对《史记》作过认真的分析评论，尽管专门著作不多，而散论文章可以说是洋洋大观，数量、质量都可称雄一代。

宋人对《史记》总体的评论，识见高于唐人一筹。首先，对司马迁开创纪传体的认识，以郑樵为代表作了很高的评价。他称《史记》五体，“本纪纪年，世家传代，表以正历，书以类事，传以著人，使百代而下，史官不能易其法，学者不能舍其书。六经之后，惟有此作”[①]。其次，对于《史记》个体的评论，也都提出了创新的见解。如林駉论“本纪”，认为司马迁是“以事之系于天下则谓之纪”[②]，超出了刘知幾“以天子为本纪”的认识。唐人评史，以刘知幾《史通》为最高水平，而刘知幾对史表认识不深，甚至有废表之论[③]。郑樵的《通志总序》则说：“《史记》一书，功在十表。”吕祖谦的《大事记解题》卷一详为申说，认为“《史记》十表，意义宏深”，故“学者多不能达”。他阐述十表“宏义”说：“《三代世表》以世系为主，所以观百世之本支也。《十二诸侯年表》以下以地为主，故年经而国纬，所以观天下之大势也。《高祖功臣年表》以下以时为主，故国经而年纬，所以观一时之得失也。《汉兴以来将相名臣年表》以大事为主，所以观君臣之职分也。”吕氏的评论，第一次揭示了《史记》十表的编制方法和功用，开阔了人们的眼界，在当时和后世都有很大的影响。五体结构的互见法，也为宋人苏洵所首发。

2. 明人评点《史记》的杰出成就

元代由于政治的原因，整体社会学术空气不浓，《史记》研究成绩不大。

① 《通志总序》。

② 《古今源流至论》后集卷九《史学》。

③ 刘知幾论史体，见《史通》卷二《本纪》，废表之论见《史通》卷三《表历》。

但元代用戏曲形式宣传《史记》，在普及方面取得了空前的成就。据今人傅惜华《元代杂剧全目》所载，元代取材于《史记》的杂剧有一百八十余种，而且大多为演出本。这么多的《史记》戏在全国大小剧场上演，《史记》的人物故事，广为人知。这无疑为明清以来的“史记学”发展，奠定了深厚的群众基础，因此元代的《史记》戏，亦应值得大书一笔，故附论于此。

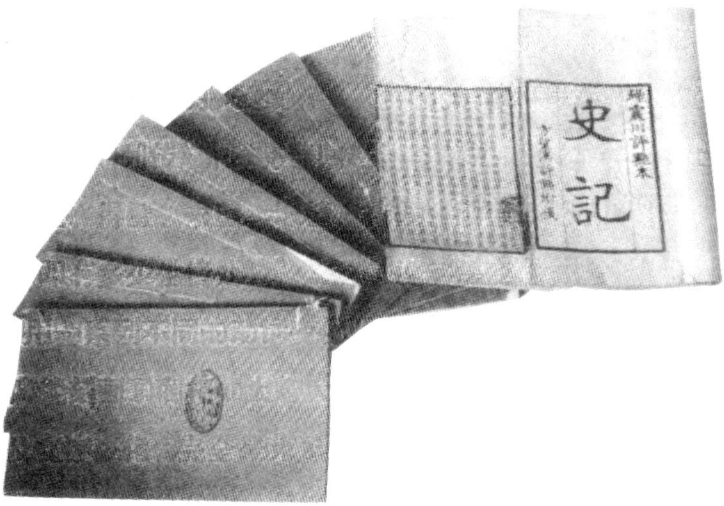

《归震川评点本史记》书影

明人研究《史记》，承袭宋人的评论余风，发展壮大成为一代主流。明人评点改变了宋人因人因事立题的单篇论文和读书笔记的形式，而以恢弘气度对《史记》全书评点，出现了形式多样的评点专著。最基本的形式是在《史记》原文上用五彩笔作圈点、夹批、眉批、总批。著名的评点专著有杨慎《史记题评》、唐顺之《荆川先生精选批点史记》、茅坤《史记钞》、归有光《归震川评点本史记》、钟惺《钟伯敬评史记》等。另一种形式是搜集荟萃历代学者以及时贤的评论精语，一一标注在《史记》有关正文之上，号称“史记评林”。此由凌稚隆的《史记评林》发其端，后继者纷起，有李光缙等人的《史记萃宝评林》，陈仁锡的《史记评林》，葛鼎、金蟠的《史记汇评》，邓以讚的《史记辑评》，朱子蕃的《百大家评注史记》，陈子龙和徐孚远的《史记测义》等多种辑评专著。辑评形式，灵活自由，文字可长可短，内容丰富多彩，有总体分析，有细事发微，有人物评论，有史实考证，有感则发，无话则省。辑评精语，夹注在作品中，或书写在眉端，时时提起读者的注意，帮助读者思索品味，把自己的欣赏和感受上升到理论的高度。因此辑评很受读者欢迎，流风所及，也成了清代和近代的一种最基本、最普遍的研究方法。晚清以后，形式又有所发展。如清末郭嵩焘的《史记札记》，已不录《史记》全文，而是摘引有关原文，然后发议论。近代李景星的《史记评议》，则完全抛开原文，没有夹批，只有百三十篇的评。

明人评点《史记》的内容非常丰富，史事、人物、编纂体例、文章风格、艺术手法，无所不及。行文内容不似宋人以议论为主，而是紧贴《史记》原文以分析为主，语言明快，通俗易懂，不发空论，能够引导读者进入欣赏的境界。所以，像茅坤、杨慎、唐顺之、归有光、余有丁等人的见解，就成为品题《史记》的圭臬，深受读者喜爱。明人抉发司马迁的写人艺术，以及《史记》与小说的关系，更有精绝的分析评点，发前人所未发，如明末清初文学评论家金圣叹对《史记》文学技法的评论，就独树一帜，作出了杰出的贡献。

3. 清人的《史记》考证与研究

清代是旧时代“史记学”发展的高峰，研究者之多与成绩之丰，都是前所未有的。清人研读《史记》，留下文章著述的作者有三百余人，著名的专著有几十部。如王鸣盛《史记商榷》、钱大昕《史记考异》、赵翼《史记札记》、杭世骏《史记考证》、王元启《史记三书正讹》、邵泰衢《史记疑问》、邱逢年《史记阐要》、梁玉绳《史记志疑》、林伯桐《史记蠡测》、王筠《史记校》、程余庆《史记集说》、张文虎《校勘史记札记》、尚镕《史记辨证》、郭嵩焘《史记札记》、潘永季《读史记札记》、李慈铭《史记札记》、方苞《史记注补正》、牛运震《史记评注》、杨于果《史汉笺论》、杨琪光《史汉求是》和《读史记臆说》、鹿兴世《史记私笺》、储欣《史记选》、王又朴《史记七篇读法》、汪越《读史记十表》、汤谐《史记半解》、邵晋涵《史记辑评》、高塘《史记钞》、吴敏树《史记别钞》、沈家本《史记琐言》、王治皞《史记榷参》、吴见思《史记论文》、吴汝纶《桐城吴先生点勘史记》等等，都是研精覃思的力作。此外，像顾炎武《日知录》、李晚芳《读史管见》、刘熙载《艺概》、曾国藩《求阙斋读书录》、刘大櫆《论文偶记》、林纾《春觉斋论文》等著作中，也对《史记》发表了许多精到的评论。

《史记》载三千年历史，时间长，人事多，地域阔，司马迁的记述难免有疏漏。《史记》流传，必然发生文字歧异。后人的研究，也有得有失。对这些问题进行一番梳理，考辨是非，是非常必要的。清代乾隆、嘉庆年间，学术界考据成为一代风气，学者以考据方法，对古代文献进行通盘分析整理，成就斐然，学术史上称为乾嘉考据学。《史记》考证就是在这一风气下发展起来的。

追溯《史记》考证，第一人是三国时的谯周。他著有《史记考》以纠《史记》之误。该书唐以后失传，遗说见于《史记》"三家注"引录。宋人以疑古精神读《史记》，因疑而辨，也做了一些考辨工作。不过宋人的考辨还停留在质疑发难，提出问题的阶段。到了明代，《史记》考证才有所发展，出现了柯维骐《史记考要》、郝敬《史记愚按》等考证专著，为清人的考证起了铺路奠基的作用。

清人的《史记》考证，通过训诂、笺释、校勘、辨伪等方法和手段，对《史记》作了全面系统的整理研究。清代著名的考据学家，如王鸣盛、钱大昕、赵翼、何焯、王念孙、梁玉绳等人，都在《史记》考证上下过一番功夫。其中以梁玉绳的成绩为最大，他的《史记志疑》可代表清人《史记》研究的水平。这些学者，重视实证，力戒空谈，穷年累月搜集资料，进行归纳、排比，“究其异同，核其始末”，言必有据，据必可信，孤证不立，必以多项证据定是非，因此他们的考据有较高的学术价值，受到世人的推重。

清人考证《史记》的方面很广，大至重大的历史事件，小至一地一名，一字一音都不放过。清人考订文字、史实、地名、人名、年月，以及考证《史记》疑案，用力之勤，贡献之大，任何一个时期无可比拟。另一方面，我们也应看到，清人的考证也有很大的局限。从方法上主要是以文献证文献，比起近代王国维的二重证据法，就逊色一筹，这是时代的局限。其次，微观的研究用力甚勤，而宏观的把握则不足，导致有的考证似是而实非。例如梁玉绳《史记志疑》考列《伯夷列传》十大矛盾，认为“史所载，俱非也”。殊不知司马迁本来就视伯夷、叔齐同许由、卞随、务光一样，其事迹都在疑似之间，只不过是借题发挥罢了。司马迁不仅是史学家，他还是文学家和思想家，不把握这个宏观，考证难免成为迂阔之见和皮毛之论。有时钻牛角，为考证而考证。不过瑕不掩瑜，清人《史记》考证的总体成就，在“史记学”发展史上是值得大书特书的。

4. 近代研究《史记》的特点

这里所说的近代，是指1905—1949年，45年，正当20世纪的上半世纪。这一时期中国社会发生了翻天覆地的大变化，政治的动荡带来思想的活跃。资产阶级和马克思主义两种思想体系、两种研究方法从西方传入中国，在古老神州大地上激发了“五四”新文化运动。在这一大背景下的《史记》研究，具有继往开来的重要作用，呈现出与以往不同的一些新特点。从总体上说，这一时期的研究，一方面是对封建时代的《史记》研究成果开始了批判总结，另一方面是在继承前人研究成果的基础上有所创新。具体说，是全面继承清人的研究余绪，仍以考证与评议为两大主流，但更具有理论色彩，识见上了一个新台阶。这时期的注家仍然寥落，这方面与日本学术界相比，尚有差距。20世纪30年代日本学术界出版了泷川资言的《史记会注考证》，尽管有许多不足，但它毕竟是继《史记》“三家注”之后近代的一部集成著作，其价值不能低估。这说明近代的《史记》研究是一个过渡时期，它为新中国成立以后“史记学”的深入发展打下了坚实的基础。

近代半个世纪《史记》研究的总成果相当可观，重要的学术论文有一百余篇，专著几十部。考证方面，崔适的《史记探源》、鲁实先的《史记会注考证驳议》、朱东润的《史记考索》、李奎耀的《史记丛考》、余嘉锡的《太史公书亡篇考》；评议方面，魏元旷的《史记达旨》、杨启高的《史记通论》、刘咸炘的《太史公书知意》、齐树楷的《史记意》、李景星的《史记评议》、施章的《史记新论》、李长之的《司马迁之人格与风格》；注疏方面，李笠的《史记订补》、吴国泰的《史记解诂》；书法方面，靳德峻的《史记释例》；太史公行年方面，张鹏一的《太史公年谱》、郑鹤声的《司马迁年谱》等等，都是各具特色的专著。一大批著名学者如章炳麟、梁启超、罗振玉、王国维、鲁迅、茅盾、刘师培、钱玄同、顾颉刚、罗根泽、闻一多、朱自清、范文澜、吕思勉、翦伯赞、郑振铎等，也在他们的著作或论文中程度不等地评述了《史记》。这一时期创立的史学史、文学史大都给予《史记》以专章、专节的论述，使《史记》在我国史学史和文学史上的崇高地位得到了更牢固的确立。

三、现当代的《史记》研究

1949 年中华人民共和国的成立，标志着中国社会跨入了新的时代，这给学术研究带来了全新的思想观念。《史记》研究发生了质的变化，走上了新的发展道路，这就是现当代的《史记》研究，已历 60 年。如果以《史记》研究成果内容所体现的时代性与研究方法的更新为依准，新时期《史记》研究的60年可分为前后两个发展阶段。前段指1950至1979年的30年为现代的《史记》研究，是学术界运用马克思唯物主义研究《史记》初见成效和逐步深入的时期，成果不十分显著而开拓面较为宽广。其间经历“文化大革命”而有15 年的中断，所谓 30 年，实际只有 15 年。后段 30 年指 1980 年以来至今 21 世纪初的 10 年，是《史记》研究获得全面丰收的高峰时期，步入了黄金时代，研究成果与研究方法都具有不同于前代的许多新特点。

1. 现当代《史记》研究的特点

古代与近代的《史记》研究，偏重微观，在名物典章、地理沿革、文字校勘、音韵训诂、版本源流，以及疏解、读法、评注等方面下功夫，方法是抄撮材料，排比引证，集甲说乙云，这就是传统注疏与乾嘉考据的治学方法，唐代形成的《史记》三家注是传统方法的一个界碑。传统方法历经 2000 多年没有多大改变。现当代的《史记》研究宏观与微观并重。当代的古籍整理是传统微观研究的延伸，成果表现为点校、新注、解读、语译等注疏工作。宏观研究阐释思想内涵，大量的论文论著成果表明了宏观研究成为主流。宏观研究的特点，主要有四个方面。

（1）唯物史观的方法。古代传统研究对司马迁“一家之言”的思想只有零星的探索，而且立论肤浅，例如“史公三失”，争论两千年也没把它说明白。当代学术界在唯物史观指导下，把司马迁的写作活动与当时社会政治、经济状况紧密地联系起来，不仅揭示了司马迁历史活动的动机，而且能够从社会关系的总体中分析这种发展的客观规律性，看出物质生产发展是这种关系的根源。这种从广阔的历史背景上去考察司马迁思想的方法，就是唯物史观方法，在20世纪80年代以来宽松的学术氛围中为新一代论者所普遍掌握，推动了“史记学”的迅猛发展，论说理据充实，平允中肯，标志着研究者思想理论的成熟。

（2）纵横比较的方法。古代的《史记》研究，比较方法局限于马班异同。当代的《史记》研究大大开拓了比较的范围，概括地说有三个方面。其一，是《史记》篇目自身的比较，提示司马迁运用互见法的成绩。其二，是将《史记》与前代、后代的史学和文学作比较。《史记》与前代的比较，如《史记》与《春秋》《左传》《战国策》、诸子的比较，与《离骚》《楚汉春秋》等的比较，探索司马迁对前代思想及资料的继承；《史记》与后代的比较，除与《汉书》外，还与《资治通鉴》以及政书、戏曲、小说作比较，探索司马迁对后世文化的影响。其三，是将《史记》与国外的史学、文学著作比较，结果是，司马迁在知识的积累、认识的深度、表现力的强度方面，都是同时代东西方最杰出的代表人物。因此，司马迁不仅是汉代的文化巨人，而且可以说是整个古代世界的文化巨人。

（3）各种新方法的借鉴与运用。随着现代化的进程，中国与世界文化的交流更加广泛和深入，国外的文化传入中国，有新学科的传入，有新方法的尝试。如系统论、价值论、艺术辩证法等都运用在《史记》研究上。

（4）文献与考古相结合。近代考古学的发展运用于《史记》研究，首推王国维用甲骨文、金文证明《史记》记载的三代历史为可信。王国维和郭沫若都运用汉简考证司马迁生卒，利用考古材料全面论证《史记》的史料价值，陈直的《史记新证》做出了新贡献。吴树平等人的《全注全译史记》也大量吸收考古成果，成为一大特色。如果说近代的《史记》研究是新旧交替的一个过渡时期，那么，现代、当代是研究方法全面更新的收获时期。当代的《史记》研究，更偏重宏观，以历史的研究为主导，把《史记》从“史料学”的研究水平提高到“史记学”的研究高度上来，把司马迁和《史记》放到中国文化、中国思想文化史的大背景中进行评述，走上了科学化的轨道，从而把司马迁的思想研究作为主轴提到议事日程，开拓了“史记学”的新格局。近人和今人运用考据，一般均能将考据与唯物史观的分析方法结合，宏观与微观互相补充，考论结合，提高了研究水平。在这方面，当代学者施丁的《马班异同三论》，陈可青的《太史公书凡例考说》，吴汝煜的《史记与公羊学》，张大可的《太史公释名考辨》《史记断限考略》《史记残缺与补窜考辨》，刘家和的《史记与汉代经学》，赵生群的《史记〈战国纵横家书〉史料价值考论》《司马迁所见〈晏子春秋〉〈管子〉考》等，都是考论结合的佳作。

2. 当代《史记》研究的发展趋势

当代《史记》研究的发展趋势是提高与普及双向发展，前者总结，后者开拓，盛况空前。主要标志有以下四个方面。

（1）队伍宏大，成绩显著。《史记》问世 2000 多年来论文积数有 5000 余篇，当代论文占总量的 70%，有 3500 余篇；论著积数有 293 部，当代论著占总量过半，有 150 余部；作者积数 2028 人，当代作者占总量的 60%，有 1200 余人。这些数据足以说明，当代“史记学”研究队伍宏大，成绩显著，是“史记学”发展的一个黄金时代。

2013 年商务印书馆版《张大可文集》中《史记》论著书影

（2）方法更新，中青年学者大放异彩。20 世纪 80 年代是老中青学者共展宏图的时代。例如 20 世纪 80 年代初开展的司马迁与公羊学的讨论，杨向奎首发其端，张维华继之于后，他们两位是老一辈专家。陆永品、施丁、吴汝煜是当时的中年学者，赖长杨是崭露头角的青年学者。司马迁与公羊学这一课题，正是在老中青学者共同参与的热烈争鸣中取得突破的。中青年学者视野开阔，锐气旺盛，引进了系统论、比较研究等新方法，许多重大课题的攻关在他们手中完成，已出版的有分量的著作十之八九也出自他们之手。白寿彝《史记新论》(1981)、程金造《史记管窥》(1985)、吴中匡的《史记太史公自序注说会纂》(1985)等是前辈学者的成果，施丁、陈可青的《司马迁研究新论》(1982)、陆永品的《司马迁研究》(1983)、聂石樵的《司马迁论稿》(1985)、张衍田的《史记正义佚文辑校》(1985)、郭双成的《史记人物传记论稿》(1985)、宋嗣廉的《史记艺术美研究》(1985)、吴汝煜的《史记论稿》(1986)、李少雍的《司马迁传记文学论稿》(1987)、何世华的《史记美学论》(1989)、可永雪的《史记文学成就论稿》(1991)、仓修良的《史记辞典》(1991)、韩兆琦的《史记通论》(1996)、杨燕起的《史记的学术成就》(1996)等是中年学者的代表。张大可出版了《史记研究论集》(1985)、《史记论赞辑释》(1986)、《史记全本新注》(1990)、《司马迁评传》(1991)、《史记精妙语》(1998)、《史记文献研究》(1999)、《史记十五讲》(2010)，以及合作的《司马迁一家言》(1995)，总成果近400万字，在学术界独树一帜。《史记》全本新注不下十余种，其中王利器主编的《史记注译》(1988)、张大可的《史记全本新注》(1990)、吴树平等人的《全注全译史记》(1995)、韩兆琦的《史记笺证》(2004)等四种各具特色，是其佼佼者。此外还有全本《白话史记》六种。

长江后浪推前浪，20世纪90年代涌现出了一批青年学者。覃启勋的《史记与日本文化》(1989)、俞樟华的《史记新探》(1994)、赵生群的《太史公书研究》(1994)、《史记文献学丛稿》(2000)、张新科和俞樟华的《史记研究史略》(1990)、韦苇的《司马迁经济思想研究》(1995)、陈桐生的《史记与古文经学》(1995)、程世和的《史记——伟大人格的凝聚》(1995)、张玉春的《史记版本研究》(2001)、陈曦的《史记与周汉文化探索》(2007)，表现了青年学者的实力。1980年代的中青年学者，20年后的今天已进入了中老年，但又一代中青年学者成长起来。从总体上看，中青年学者数量大，一批一批成长，目前正处于巅峰状态，他们在中国史记研究会这一学术平台上成为主力军，并且自觉地肩负起重任而大放异彩，这是 20 世纪 80 年代以来“史记热”持续不衰的根本保证。

（3）研究领域不断扩展，研究课题不断深入。20 世纪 80 年代以来的《史记》研究者，对司马迁思想和《史记》文、史、哲、经的内涵展开了全面的研究，《史记》百科全书的价值正在日益不断深化阐释和显露。对司马迁的历史观、政治观、经济观、社会伦理观、学术观、历史编纂学、历史文学、艺术表现手法、马班异同、《史记》与《春秋》等各个方面都做了比较深入的研究，提出了不少引人注目的新观点。此外，司马迁的战争观、美学思想、法律思想、民族思想、人才学思想、天文学、医学成就、《史记》与档案资料、《史记》与地方志等等课题，不断被开发，而且都有系列论文发表或专题论著出版，取得了丰硕的成果，研究的水平和质量大大提高。总之，1980 年代取得了许多重大课题的突破。例如司马迁与公羊学、《史记》的疑案研究，包括司马迁行年、《史记》断限、《史记》残缺与补窜、“太史公”释名、司马谈作史等等，都有新的探索。

（4）协作攻关，总结性的界碑工程提上议事日程。唐代完成的《史记》“三家注”，是“史记学”的奠基工程，此后历经一千四五百年，由于 20 世纪 80 年代以来的“史记热”和新方法的运用，总结性的界碑工程历史性地落到了当代《史记》研究者的肩上。20 世纪 80 年代中期开始，出现了更为可喜的形势，学术交流扩大，横向联系加强，全国性的《史记》学术研讨会从 1985 年到 1999 年 15 年间举办了六次；2001 年中国史记研究会成立，每年举办一次全国性的学术交流研讨会，出版的年会论文集《史记论丛》已达 11 集，成为系列论著。这是当代《史记》研究步入黄金时代的一个标志，极大地促进了全国各地学者之间的交流与合作，推动了《史记》研究向纵深发展，也促进了总结性工程的开展。中国史记研究会 2005 年推出《史记研究集成》1—14 卷，这套丛书在 2014 年扩展为总 20 卷，更名为《史记论著集成》将于 2015 年推出。中国史记研究会还选编了《史记论丛专辑》5 卷，也于 2015 年推出。两套丛书为 2015 年将在西安召开的大型国际学术研讨会纪念司马迁诞辰 2160 周年献礼，也是中国史记研究会成立 15 周年来开展学术活动的一个阶段性总结。中国史记研究会还在 2008 年启动了《史记疏证》学术工程，目前已进入定稿阶段。《史记疏证》的完成，毫无疑义是对 21 世纪初“史记学”的一项大总结，具有划时代的界碑价值。

文学界对《史记》文学性与艺术美的研究，达到了一个全新的境界，大大提高了《史记》的知名度，在当代《史记》研究中扮演了生力军的角色。另外，普及工作也做得有声有色。《白话史记》《漫画史记》《绘画史记》《史记精言妙语》《史记》故事等等普及读物，百花齐放，光彩夺目。普及工作将是今后一个时期的方向，随着强化精神文明建设，《史记》不再是少数文人墨客的案头物，而将成为广大人民所共享、共识的文化艺术品。

3.20 世纪下半叶台湾的《史记》研究

台湾的《史记》研究，兴起于 20 世纪下半叶，持续不断发展，每年都有新出的论文和专著推出。据不完全统计，20 世纪下半叶大约发表论文 400 多篇，出版专著 40 余部[①]，这一成绩是很可观的，它说明了台湾

① 本节的写作依据，参阅张新科、俞樟华：《史记研究史略》第八章，三秦出版社，1990 年。

学者的辛勤耕耘。台湾的《史记》研究队伍，也具有老中青齐头并进的特色。老一辈专家如徐文珊、王叔岷、钱穆、施之勉、劳榦等人是大陆去台的一批知名专家，有的已凋零。中青年学者大都是70年代以后崛起的新秀，如《史记导论》的作者田博元、《史记解题》和《史汉关系》的作者吴福助、《司马迁之学术思想》的作者赖明德、《史记论赞研究》的作者施人豪、《司马迁的世界》的作者郑生等，他们已成为台湾《史记》研究的骨干力量。老一辈学者长于考证、校勘，中青年新秀注意引进西方的一些理论，从新的视角重新评价《史记》，涉及到了一些前人和大陆学者研究较少的问题，提出了一些新颖独到的见解。台湾的老中青《史记》研究学者十分活跃，水平也较高，普及的工作很出色，专题的工作很深入，这是值得尊重的。

对《史记》开展白话今注今译、导读评介、选读精粹、新编故事、在大学开设专题课等等，都属于不同层次的普及工作，台湾的老中青学者都投入了很大的力量，取得的成绩十分显著，出版了不少有分量的专著。《史记今注》有马持盈与劳榦、屈万里两家，《白话史记》有六十教授合译本。此外，杨家骆的《史记今释》、徐文珊的《史记评介》、李永炽的《历史的长城——史记》、郑生的《史记的故事》、周虎林的《司马迁与其史学》，以及《国学丛书》本《史记精华》等，都是在台影响较大的读物。六十教授合译的《白话史记》和马持盈的《史记今注》流传内地，颇受学人注目。尤其是《白话史记》成为古典今译畅销书。台湾学者的普及工作带有自觉性和计划性，他们的目的就是要在台湾地区兴起文化复兴运动，让《史记》这样的优秀名著深入人心，家喻户晓，人人能读，个个能讲。如马持盈在《史记今注》的说明中，开宗明义地提出，他今注的目的就是“辅导读者能够轻松愉快的阅读《史记》，并进而引起其研究中国文化的兴趣，加强其宣扬中华文化的能力”。《白话史记》的凡例也说：“本书编译的目的在于求《史记》的普及化，适用于一般有基本文史知识的大众。”又说：“希望透过本书，有更多人有兴趣及能力研究《史记》原文，进而研究其他中国古籍。”这些说明鲜明地揭示了作者普及祖国文化精品的自觉性。1967 年 7 月 28 日，台湾地区成立了中华文化复兴运动推行委员会，在该委员会的倡导和组织下，大量的古籍被重新注释或翻译。台湾地区的《史记》研究成果，也正是在这种弘扬中国文化的浓厚氛围中出现的。

台湾学者在大力普及《史记》的同时，在专题研究方面下的功夫很深，高水平的学术论文及学术论著不断涌现。综括言之，有以下几个特点，值得借鉴和注目。

其一，注重考证，功力厚实。台湾学者在考订《史记》方面的成果较多，如赵澄的《史记版本》、钱穆的《史记地名考》、张森楷的《史记新校注》、海屏的《史记的补续与改窜问题》、曲颖生的《史记八书存亡真伪疏辨》、高葆光的《史记终止时期及伪篇考》、李崇远的《史记篇例考述》、陈槃的《史记世家缀录》、阮芝生的《太史公怎样搜集和处理资料》、庞德新的《从考古资料看史记的几个问题》、吴福助的《汉书袭录史记考》、胡韫玉的《史记汉书用字考证》等等，都是各自在某一专题上用功取得建树的论著。对《史记》全书的文字、史实作校勘、考订取得突出贡献的应推王叔岷的《史记证》和施逸之的《史记会注考证订补》。两位作者都是先在杂志刊发文章，而后结集出版。考证文字以系列论文形式见诸杂志，表明它写得很精粹。

台湾华冈出版有限公司 1976 年版《史记会注考证订补》书影

《史记证》对《史记》全书逐篇作证，主要内容有五个方面。（1）字句整理。下分证成旧说、补充旧说、修正旧说、审定旧说、新出己见五目。(2) 史实探源。下分史实来源、史实补充、史实参证三目。(3) 陈言佐证。主要是考证《史记》中的引文出处。(4) 佚文辑录。下分可补入正文者、可补入注文者、无从附丽者三目。（5）旧注补。下分字句整理、位置审定、立说所本、佚注拾补四目。从《史记证》的立目内容来看，体系博大。全书作者创见为主，前人时贤之说与证无关系者，概不录引，重点突出。本书在台湾学术界享誉很高。刘本栋在《六十年来之史记研究》一文中评论说：“是书引证博赡，考辨精审。每一疑义，必求其至当而后已，使史公二千年来不白之旨，昭然涣然。可谓不仅有功史学，抑且嘉惠士林矣！”

《史记会注考证订补》是施之勉订正日本泷川资言《史记会注考证》的一部力作。泷川氏之书是《史记》“三家注”问世一千余年后又一次集大成的集注专书，功绩不可泯没。但以一人之力搜采千余年来中日两国的学术成果，不是一件容易的事。所以错误和缺漏不可避免。该书问世后，受到我国多位学者的驳正。计有：鲁实先《史记会注考证驳议》、程金造《论泷川资言的会注考证》、钱钟书《管锥编》中有读《史记会注考证》58 则、钱穆有《评日人泷川龟太郎史记会注考证》、张以仁有《读史记会注考证札记》等。施之勉的《订补》对泷川氏之书作了全面系统的补苴匡正，用力之勤非上列诸书可比，因此在台湾学术界也博得很高的声誉。

其二，对司马迁的学术思想作了广泛的探讨，挖掘较深。台湾学者不仅在《史记》的微观研究考证方面的功力厚实，在宏观思想方面的研究也卓有成就，涉及的范围也很广泛。如黄俊郎的《司马迁撰写史记的动机》、林宗霖的《司马迁创作史记的历程及其评价》，以及阮芝生的《试论司马迁所说的"究天人之际"》和《试论司马迁所说的"通古今之变"》，着重探讨了司马迁的作史动机和目的；阮芝生的《司马迁的史学方法与历史思想》、施人豪的《史记论赞研究》，分别从历史编纂学和论赞角度分析了司马迁的史学思想；邓璞磊的《司马迁政治思想之研究》评述了司马迁的政治思想；孔庆宗的《史记货殖列传在我国古代经济思想上的价值》，评价了司马迁进步的经济思想；周虎林的《司马迁的儒家思想》、洪安全的《孔子之春秋与司马迁之史记》、王基伦的《孟子与史记之关系》，比较深入地探讨了孔孟对司马迁的思想影响；汪惠敏的《司马迁对儒道二家思想之融合》，指出司马迁受儒道两家思想影响很深；陈乃鼐的《史记历书历术甲子篇理论之研究》肯定了司马迁在历法学上的贡献，如此等等，不胜枚举。几乎有关司马迁和《史记》中的所有问题，都有论文探讨，说明了台湾学者的思路是开阔的。同时还出版了对司马迁思想研究挖掘较深的学术专著。赖明德的《司马迁之学术思想》就是一部代表作。

《司马迁之学术思想》全书十章，40余万言，是一部恢宏大论。该书对司马迁生长的时代和社会，司马迁的读书游历和师友，司马迁撰写《史记》的心理背景，司马迁的经学，司马迁的史学，司马迁的诸子之学，司马迁的文学，司马迁的历学，司马迁的政治、经济、社会思想等，都作了深入的评述。特别值得称赞的是，作者把司马迁放在广阔的大一统西汉社会和学术发展的背景之中，评论司马迁的学术思想，做到言之有理，持之有故，很有说服力。全书议论风发，新见迭出，语言流畅，文笔生动，有很强的可读性，在台湾地区成为畅销书。

其三，比较研究，细致深入。台湾学者好做比较研究，对照互证，议论纵横。例如马班比较，就是一个颇感兴趣的课题。吴福助的《史汉关系》和《史汉体例比较》、刘安立的《从史记汉书儒林传比较司马迁及班固的思想》、徐复观的《史汉比较研究之一例》等论文，从不同角度比较马班异同，提出了新看法，分析十分细腻。例如《史汉比较研究之一例》长达六万言，分九个专题论证，对《史》《汉》两书的体例和文字一一列目比较，使人们在全面比较中能够清晰地看出马、班不同的旨趣和不同的风格。例如作者对《史》《汉》文字之比较，结论是：史公的文化疏朗跌宕，富于变化，文句的组成较为圆满，篇章的结构线索分明，照应周密。而班氏的文体较为质重简朴，缺少变化，结构的线索不甚分明，文字较《史记》为古奥。在叙事上，史公较精确而能尽量保存历史形象生动的原貌；而班氏渐流于空洞，对人物渐流于抽象化。但《汉书》中有的传也写得很绵密。由于作者的分析是建立在详实的比较基础上，故较为平实中肯。

台湾学者的《史记》研究，硕果累累，非常丰富。由于海峡两岸的隔绝，介绍到内地来的十分有限，上述介绍不免挂一漏万，不足以反映台湾《史记》研究的全貌。可喜的是随着改革开放的深入，海峡两岸的学术交流也已逐渐展开。我们深信，在不远的将来，这种交流将会进一步加强。海峡两岸学者携手齐进，一定会把《史记》的研究推向一个新阶段。

第七章　《史记》版本

《史记》流传两千多年以来，影响很大，历代抄本、刻本以及近代活字本，十分繁多。但是流传下来的古代善本并不多，唐以前抄本仅有少许残卷。《史记》刻本始于北宋，有三家注单刻本，南宋始有合刻本，嗣后又有新刻本。有的侧重文字训释，有的侧重文章评论。贺次君撰《史记书录》，著录《史记》版本 64 种，这是我们今天所能见到的宋代以来的各种版本，其中明刻最多约占二分之一，达 29 种，宋刻本次之有 16 种，再次为清刻本，辽金元最少。《史记书录》所著版本，皆作者亲自翻阅、比勘，按时代先后排列，逐本分析，是集《史记》版本研究大成的一部著作，1958 年商务印书馆出版。但贺氏《书录》，冗赘繁琐，缺乏条理，不便披阅。兹以贺氏书为主，参考他书，择其重要版本，分为五目，作简明介绍如下。

一、宋代以前的古钞本

现存《史记》钞本都是残本，计有 17 种，可分为四类。

（一）六朝钞本

有两件。第一件是《史记集解 · 张丞相列传》的残卷，第二件是《史记集解 · 郦生陆贾列传》一卷。原件均藏于日本京都之高山寺，1918 年罗振玉曾影印，以《古写本史记残卷》刊出，北京大学图书馆有收藏。

（二）敦煌唐钞卷子本

有三件。第一件是《史记集解·燕召公世家》残卷，第二件是《史记集解·管蔡世家》残卷，第三件是《史记集解·伯夷列传》残卷。这三件都出于敦煌石窟，被法人伯希和盗去，现存巴黎国家图书馆，中国国家图书馆有缩微胶卷。

（三）唐钞本

有六件，其中五件是卷子本。第一件是《史记集解·夏本纪》一卷，藏于日本京都高山寺。第二件是《史记集解·殷本纪》一卷，原藏日本高山寺，后归内藤文库。第三件是《史记集解·周本纪》一卷，藏于日本高山寺。第四件是《史记集解·秦本纪》一卷，原藏日本高山寺，后归岩崎文库。第五件是《史记集解·高祖本纪》一卷，藏于日本宫内省。第六件是《史记集解·河渠书》残卷，藏于日本神田文库。以上六件钞本，第一

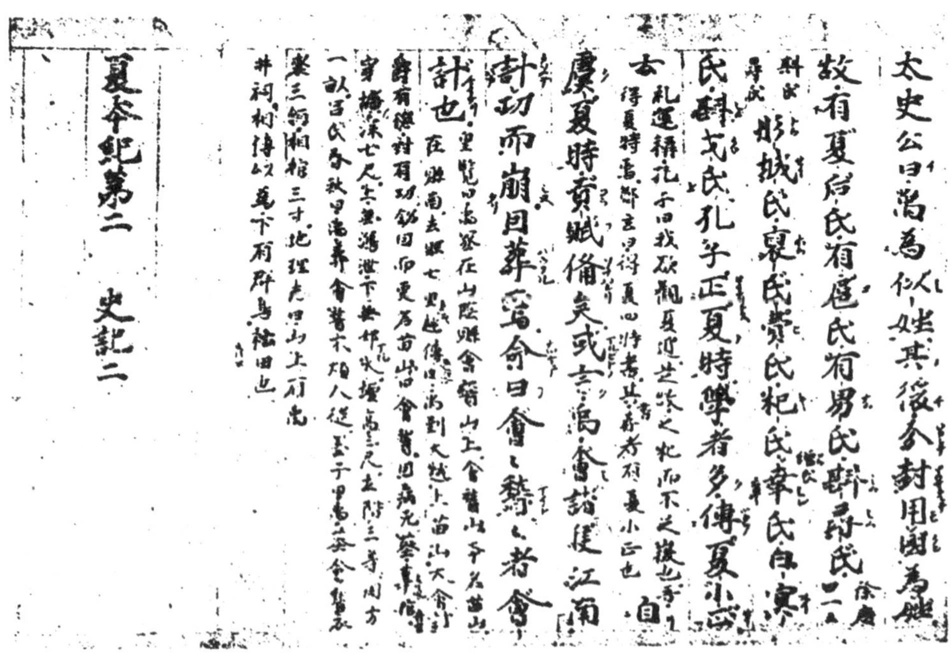

日本京都高山寺旧藏古钞本《史记集解·夏本纪》书影

件未见影印。第二件，1917 年罗振玉影印，第六件，1918 年罗振玉影印。第三、四、五件，中国国家图书馆藏有缩微胶卷。

（四）藏于日本而国内未见的钞本

计有六件。第一件《五帝本纪》残卷，宫内省藏。第二件《吕后本纪》残卷，毛利文库藏。第三件，《文帝本纪》残卷，东北帝国大学文库藏。第四件，《景帝本纪》残卷，野村氏旧藏，后归久原文库。第五件，《孝武本纪》残卷，在日本有关记载中说“崇兰馆藏”，但未见其书。第六件，《范雎蔡泽列传》残卷，宫内省藏。

二、三家注刻本

（一）《集解》单刻本

自从南朝刘宋时裴骃撰《史记集解》后，《史记》全文即随《集解》以行，不再有白文无注本。宋人刊刻《史记》最初均为《集解》本。裴骃最大的贡献，不仅“集解”，而且纠正错讹，整理文字，对《史记》做了一次全面的文字校勘审定工作，唐代的《索隐》《正义》对《史记》原文均是据《集解》本文字。因此，《集解》本是《史记》版本的源头。今存《集解》本有十行本、十二行本、十四行本、九行本，分述于次。

1. 十行本

（1）《史记集解》残卷

北宋景祐间刊本，中国国家图书馆藏。

《史记书录》云：存《项羽》《高祖》《吕后》《孝文》《孝景》《孝武本纪》六卷，《三代世表》《十二诸侯年表》《六国年表》《秦楚之际月表》《汉兴以来诸侯王年表》五卷，《吴太伯》《齐太公》《鲁周公》《燕召公》

《管蔡》《陈杞》《卫康叔》《宋微子世家》八卷，《信陵君》《春申君》《范雎蔡泽》《乐毅》《廉颇蔺相如》《田单》《鲁仲连邹阳》《屈原贾生》《吕不韦》《刺客》《李斯》《蒙恬》《张耳陈馀》《大宛》《游侠》《佞幸》《滑稽》《日者》《龟策列传》《货殖列传》《太史公自序》二十一卷，共四十卷。每半叶十行，行十九字，注双行，行二十五、二十六字不等。白口，左右双边。版心上记本叶字数，鱼尾下题“史本纪 ×”四字，中记本卷叶数，下记刻工郭书、魏正、郭敦、吴永年、伍祥、曹允、陈彦、范倾敏、余翌、詹允、刘山、赵宗义等姓名。正文第一行题《× × 本纪》，空三字题“史记 ×”三字，每卷均小题在上，大题在下，卷末空一行标小题。

（2）《史记集解》一百三十卷

北宋景祐间刊，明弘治三年（1490）补刊本，中国国家图书馆藏。

北宋太宗淳化五年（994），合刻《史记》、两《汉书》等三史为最早之《史记》刻本。但此本不传，优劣无从妄议。景祐本为今存最早之北宋刊本。此本南宋绍兴年间重刻，称南宋绍兴本。到了明孝宗弘治三年（1490），又在此本残本基础上补刊成一百三十卷补刊本。旧版版式一同景祐本。补刊部分，仿景祐本，唯是细黑口，四周双边，版心上题“弘治三年刊”。字体、刻工均不及宋本。以上北宋景祐本、南宋绍兴本、明弘治本三种，均为《史记集解》单刻本，由宋至明有承传关系，每半叶十行，故又称“十行本”。

2. 十二行本。此本为南宋刻《史记集解》之有年月可稽者，一百三十卷，是绍兴十年（1140）邵武朱中奉刊本。缪荃孙《艺风堂文漫存·癸甲稿》卷三有此书题跋，说：“《史记集解》一百三十卷，明弘治补刊北宋景祐本书影，宋刻本，每半叶十二行，行二十二字，大小字同，高四寸六分，白口，单边。口上一鱼尾下署‘史记几’，下号数。目录作‘大字史记’，目录后牌子三行‘邵武东乡朱中奉宅刊行校勘即无讹舛绍兴庚申八月朔日’，字瘦劲。”张元济、傅增湘、贺次君诸家对此本均有记述。此本正文与注文多与北宋监本相同而与他本不同，可与他本互勘。

3. 十四行本。现藏中国国家图书馆，1955 年文学古籍刊行社影印。傅增湘先生认为是北宋刊本，亦有学者据此本避讳与版式认为是南宋初复刻北宋本。此本无目录，可能是缺失。在一百三十卷中，有明、清人抄配补缺，因此是今天能见到的较古而又较为完整的《史记集解》单刻本。此本每半叶十四行，故称“十四行本”。行二十四至二十七字不等，注双行小字，行三十四至三十九字不等。白口，左右双边，版心上记第几册本纪几。卷首有《史记集解序》，序题下钤有“乾学”“徐健庵”印记，又钤有“瞿镛”“瞿启甲印”“铁琴铜剑楼”等印记，盖先后为清昆山徐乾学与常熟瞿氏所藏。

4. 九行本。《集解》单刻本中有一种是南宋绍兴(1131—1162)间淮南东路转运司刊本，是半叶九行本，行大字十六字，注双行，二十至二十三四字不等。左右双边，版心上记本叶字数，鱼尾下题“史记 ×”三字，下记刻工人名。此本传世不多，有残本四部，其中两部为宋元明初递修本，未递修者一为存三十卷的残本，一为仅存一卷的残本。在宋元明初递修本中，一为国家图书馆所藏，淮南东路转运使司原刻存完整者七十八卷，又残卷二卷清抄补全；另外五十卷中用北宋蜀大字本配补九卷、明抄补三十卷、清抄配补十一卷。此本宋洪迈在《容斋随笔》中有记述，文字在不少地方较他本为精，限于篇幅，例证略。

《集解》单刻九行本中，另有一宋刻蜀大字本，每行十六字，白口，左右双边，版心记大小字数，鱼尾下题“本纪 × ×”，下版心记刻工姓名。此本仅存九卷，用来配补上述淮南东路转运使司刻本。

（二）《索隐》单刻本

《史记索隐》三十卷，明崇祯十四年（1641）毛氏汲古阁北宋大字本。

《史记书录》曰：首裴骃《集解序》，载其全文，司马贞为之注；《史记》本文惟标注之字句，不录全文，盖亦陆德明《经典释文》之例，乃《经》《传》别行之古法，故其卷数与传世《史记》以一百三十篇为一百三十卷不同。首行题“史记索隐卷第一”，下题“小司马氏撰”五字。次行出“五帝本纪第一”六字，下为注，注双行，行二十五字，注下接“黄帝”二字，下为注，又下接“少典之子”四字，下为注。每卷所出《史》文及注均连书，不提行；一卷完则另起标题。全书三十卷。第一卷为《五帝本纪》至《周本纪》……第二十八卷为《日者列传》至《太史公自序》，第二十九卷为《五帝本纪述赞》至《三王世家述赞》，第三十卷为《七十列传述赞》。又有《补史记序》，记其补《三皇本纪》之由。后附条例，论《史记》体制……末即所撰《三皇本纪》，并有自注。此本无目录，盖古书目录多置于末，《太史公自序》即《史记》之目录也。毛氏此刻，谓是“北宋秘省大字刊本”，四库即据此著录，故其注文多胜于南宋诸刻。毛晋谓刊刻此本，“亟正其伪谬重脱”，是北宋秘省原本，错脱已多，毛晋特为之校勘改正。此本于考校今本《史》文及注，至为重要。

（三）二家注合刻本（《集解》《索隐》合刻本）

1.《史记集解索隐》残卷

南宋乾道七年（1171）建溪蔡梦弼刊本，中国国家图书馆藏。

《史记书录》曰：此本残缺，今见者存九十一卷。刘燕庭百衲本《史记》中有十五卷，亦是此本。合此二者，并去其重复及孱入，蔡刊之幸存于今世者止九十五卷耳。首有司马贞《补史记序》，次《索隐序》，次《目录》，次《三皇本纪》。《三皇本纪》后有“建溪蔡梦弼傅卿亲校刊于东塾，时岁乾道七月（按：“七月”乃“七年”之讹）春王正月上日书”题记二十六字，凡两行。《五帝本纪》大题在下，小题在上，各卷均同。每半叶十二行，行二十一字，注双行，行二十八字，白口，四周双边。版心鱼尾上记本叶大小字数，但亦有不记者。鱼尾下题“纪一”“表一”“书一”“世家二十五”“列传一”等式，无刻工姓名。其他款式多与黄善夫本同。《史记集解》《索隐》合刻，今传以此本为最早。

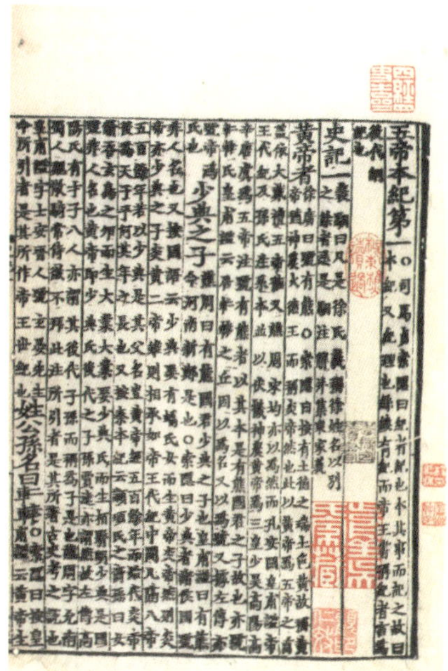

中国国家图书馆藏南宋乾道七年建溪蔡梦弼刊本

2. 张杅桐川郡斋二家注合刻本残卷

南宋孝宗淳熙三年(1176)刊于常州，中国国家图书馆藏。

此本国内现存仅一部，残本，存六十卷，现藏于中国国家图书馆。此本半叶十二行，行二十五字，注双行，行二十五字。白口，左右双边。版心鱼尾下题“史记 ×”三字，其下记刻工姓名。此书首目录，次裴骃《集解序》，次司马贞《索隐序》。前为小题，题“五帝本纪第一”，下有司马贞《索隐》注；次行为大题，题“史记一”，下为裴骃《集解》注。书首目录之后，有淳熙三年广汉张杅跋，说此本乃据蜀刊小字本而用“中字书刊之”。张氏认为《孝景本纪》《孝武本纪》《汉兴以来将相名臣年表》《礼书》《乐书》《律书》《三王世家》《傅靳蒯成列传》《日者列传》《龟策列传》等十篇，是班固在《汉书·司马迁传》中所说的“而十篇缺，有录无书”者，均系后人补作，因而将其中的九篇删去，唯《日者列传》一篇，张杅认为“大类庄周书意”而予以保存，用双行小字在后面附刊出来。此外，部分篇（卷）中的补作文字亦行删除。

3. 澄江耿秉重修桐川郡斋本

南宋孝宗淳熙八年(1181)刊，中国国家图书馆藏。

耿秉本为重修桐川郡斋本，晚于张杅本五年，纠正了张杅本的一些讹误。耿秉本卷首有澄江耿秉序。此本的特点有二，其一是所收“索隐”较南宋蔡梦弼本、黄善夫本多出四十余条。蔡本黄本均为二家注合刻。这两本在合刻时，凡“索隐”与“集解”重复者，均将“索隐”删去。耿秉本在二注重复时也以“集解”为主，但或不删“索隐”，或虽删而注出“索隐注同”。其二是耿秉本比明毛氏汲古阁《索隐》单刻本的脱误要少。耿秉本流传至今，国内仅见一部，卷数齐全，现存中国国家图书馆。

现在所知最早的二家注合刻本是南宋高宗绍兴(1131—1162)间的杭州刊本。此本现已无存，只是在清人刘燕庭所集百衲宋本中还留存有残卷十卷，其中本纪三卷(《项羽本纪》《高祖本纪》《吕太后本纪》)、列传七卷(《游侠列传》《佞幸列传》《滑稽列传》《日者列传》《龟策列传》《货殖列传》《太史公自序》)。每卷小题在上，大题在下，每半叶十二行，行二十四五字不等。注双行，行二十四五字不等。白口，左右双边。版心上记本叶字数，隔水下有“史记 ×”字样，下记本卷叶数及刻工姓名。从讳字看，当为南宋孝宗时重刻。此外，二家注合刻本，元刻蒙古中统二年(1261)平阳道段子成

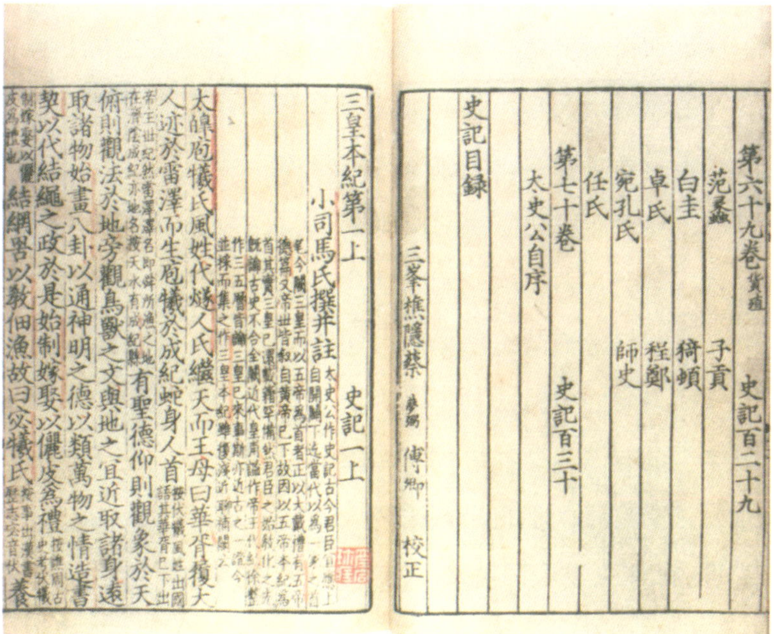
第六十九卷 貨殖 史記百二十九
范蠡 子貢
白圭 猗頓
卓氏 程鄭
宛孔氏 師史
任氏
第七十卷 史記百三十
太史公自序
史記目録
三峯樵隱蔡夢弼傅卿校正

三皇本紀第一上 史記一上
小司馬氏撰并註
太皞庖犧氏風姓代燧人氏繼天而王母曰華胥履大
人迹於雷澤而生庖犧於成紀蛇身人首有聖德仰則觀象於天
俯則觀法於地旁觀鳥獸之文與地之宜近取諸身遠
取諸物始畫八卦以通神明之德以類萬物之情造書
契以代結繩之政於是始制嫁娶以儷皮為禮
結網罟以教佃漁故曰宓犧氏

中国国家图书馆藏《史记集解索隐》两家注合刻南宋耿秉重修桐川郡斋本书影

(1261)平阳道段子成刊本《史记集解索隐》一百三十卷，明刻天顺七年(1463)丰城游明刊本《史记集解索隐》一百三十卷，是元明时代的善本。

（四）三家注合刻本

所谓三家注，是在裴骃的《集解》、司马贞的《索隐》之外，加上了张守节的《正义》。张守节与司马贞同为唐玄宗时人。他为《史记》作的注称为《史记正义》，成书于唐开元二十四年(736)，原为三十卷。到宋代，将《正义》与《集解》《索隐》同《史记》正文合刻，产生了《史记》的三家注本，而《正义》单行本遂失传。

三家注合刻本较多，这里只介绍最为世所称的两个刊本，一是南宋黄善夫本，二是元彭寅翁本。

1.《史记集解索隐正义》一百三十卷

南宋庆元二年（1196）建安黄善夫刊本，中国国家图书馆藏黄本残卷六十九卷。日本有数种藏本，上海涵芬楼据日藏本影印发行，流传广泛。

张元济曰：其三家注俱全者，宋刻有黄善夫本。首《集解序》，次《补史记序》，次《索隐序》，次《索隐后序》，次《正义序》，次《正义论例谥法解》，次目录。《集解序》后有“建安黄善夫刊于家塾之敬室”木记二行，目录后有“建安黄氏刻梓”木记一方。半叶十行，每行二十字，小注二十三字。前有《三皇本纪》，《老》《庄》二传，已升在《伯夷传》前，注云依《正义》本，然目录却未改。无刊刻年月，宋讳避至光宗，当刊于绍熙之世。此本未见我国著录，唯日本涩江全善、森立之《经籍访古志》载之，余为涵芬楼在京师收得半部，亦由日本来者。尚有安成郡彭寅翁刊本，亦三注俱全，半叶十行二十一字，小注同，不著年月，验有板式，为之刊本。[①]

《史记书录》曰：按日本《经籍访古志》谓黄氏与《史记》同时刊有《汉书》，其《汉书目录》后有“集诸儒校本三十余家，又五六友澄思静虑，雠对异同，是正舛伪。始甲寅之春，毕丙辰之夏。建安黄善夫谨启”识语。甲寅即宋光宗绍熙五年（1194），丙辰即宋宁宗庆元二年（1196），故知《史记》刻成亦在庆元二年。日本藏书家称为“庆元本《史记》”，上海涵芬楼影印本亦题为“南宋庆元黄善夫《史记》”也。

南宋黄善夫本，是最早的三家注合刻本。黄本校刻精善，讹误较少，若与他本对校，不仅远优于明代的两个著名版本——柯维熊本和王延喆本，而且胜过南宋二家注本之蔡梦弼本、张杅本。

---

① 张元济：《校史随笔》，上海古籍出版社，1998年。

黄善夫本国内未见全帙，现存皆为残本。涵芬楼曾收有黄本六十九卷，是张元济先生在北京正文斋收得，来自日本。现今国家图书馆所藏六十九卷黄本即此书。日本米泽上杉隆宪家藏黄本《史记》一部，一百三十卷，是目前所知存世的唯一全本。但此本内亦有补写十余页。1936 年上海商务印书馆曾影印黄善夫本《史记》一百三十卷，是用涵芬楼所藏之六十九卷，以日本上杉侯爵所藏之黄本补配齐全①。《百衲本二十四史》中《史记》一书，亦用此本缩小影印。故黄善夫本虽原刻鲜见，但有影印本行世，反而较易见到。

2.《史记集解索隐正义》一百三十卷

元世祖至元二十五年（1288）安福彭寅翁刊，中国国家图书馆藏。

此本国家图书馆存七十七卷，有十卷为抄本，实乃六十七卷。据贺次君先生说，“日本宫内厅、庆应大学、大谷大学、天理大学皆藏有此本全帙”（《史记书录》第 114 页）。彭本每半叶十行，行二十一字；注双行，行二十一字。细黑口，左右双边。此本《正义》与黄善夫本大致相同，讹误处较黄本多，但也有可正黄本错误之处。彭本的特点在于对三家注作了大幅度删削，以《周本纪》为例，较大幅度删削即有七八十处之多，其中最少删去四字，最多删去七十八字（一二字者不计在内）。对三家注在删削之处，还有增改，如：《周本纪》中“武王为殷初定未集，乃使其弟管叔鲜、蔡叔度相禄父治殷”句下《正义》有“按：二说各异，未详也”②，而彭本改“未详也”为“未详孰是”。

明刻三家注本常见的是“嘉靖三刻”和“南北监本”。“嘉靖三刻”

---

① 《张元济傅增湘论书尺牍》，商务印书馆，1983 年，第 256 页、第 273 页。

② 《史记》，中华书局点校本，第 127 页。

的第一刻是嘉靖四年至六年(1525—1527)金台汪谅刊刻的《史记集解索隐正义》一百三十卷。此本因由莆田柯维熊校正，故世多称为“柯本”。第二刻是嘉靖四年至六年震泽王延喆刊刻的《史记集解索隐正义》一百三十卷，世称“王延喆本”。第三刻是嘉靖十三年(1534)秦藩朱惟焯刊刻的《史记集解索隐正义》一百三十卷。嘉靖二十九年(1550)朱怀埢重修。中国国家图书馆藏有嘉靖十三年原刻本，北京大学图书馆、四川大学图书馆藏有嘉靖十三年刊二十九年重修本各一部。以上三种，因皆刻于嘉靖年间，故称作“嘉靖三刻”。明刊本中较常见的还有“南北监本”。南监本有三种，北监本有一种，即：（1）明嘉靖九年(1530)刊刻，南京国子监祭酒张邦奇、司业江汝璧校勘的《史记集解索隐正义》一百三十卷。半叶十行，行二十一字；（2）明万历二年至三年(1574—1575)刊刻，南京国子监祭酒余有丁、司业周子义校正的《史记集解索隐正义》一百三十卷。半叶十行，行二十一字；（3）明万历二十四年(1596)刊刻，南京国子监祭酒冯梦祯、司业黄汝良校正的《史记集解索隐正义》一百三十卷。半叶十行，行二十一字；（4）明万历二十六年(1598)刊刻，北京国子监祭酒刘应秋、司业杨道宝校正的《史记集解索隐正义》一百三十卷。半叶十行，行二十一字。明嘉靖三刻优于南北监本，三刻中柯本最善。南北监本校勘不精，讹误较多，对《索隐》《正义》又多删削，故不为藏家所重。

三、《史记》评林本

评林本始自明代，这是有别于三家注及其他注本而言。明人崇尚评论，是当时风气。史书评论，分一句一段的小评和全篇总评两种形式。评论与正文合刻。小评刻于书眉，总评刻于篇末。或称“评林”，或称“题评”，或称“辑评”，或称“集评”，或称“汇评”等等，名虽各异，质实同，总称“评林本”。又有一种“评点本”，略有不同，亦属此类。

（一）主要评林本

1.《史记题评》一百三十卷

明杨慎、李元阳辑，高士魁校。明嘉靖十六年(1537)胡有恒、胡瑞敦刊本。

此本为杨慎讲学，其弟子李元阳辑，高士魁校，此书有三家注。杨氏辑前代评论和自己对疑难句、段的疏解均刻于书眉之上，不署明“某某曰”的评论是李元阳的话。

2. 凌稚隆《史记评林》一百三十卷

明吴兴凌稚隆辑校，明万历四年(1576)刊本。

此本版分上下两栏，下栏为《史记》正文和三家注，上栏是评论。凌氏辑录的历代的《史记》评论，收罗广博，内容丰富，故称“评林”。对正文校勘，凡存疑者都用小字旁注。个别评论不入上栏者亦用小字旁注。篇后有总评。凌本辑录的历代名家有：魏陆机，梁沈约、刘勰、李萧达，唐刘知幾、韩愈、白居易、柳宗元，宋欧阳修、司马光、苏洵、苏辙、郑樵、倪思、吕祖谦，元吴澄、金履祥，明唐顺之、吴宽、丘濬、杨士奇、方孝儒、杨慎、田汝成、李梦阳、许应元、柯维骐、余有丁、茅瓒、茅坤等。对苏辙的《古史》和吕祖谦的《读书杂记》全部录载。对《史记》正文取材于古书如《诗》《尚书》《左传》《国语》《世本》《战国策》《吕氏春秋》《楚汉春秋》等，凡引用不详或不全的，凌氏均抄录全文于上栏作参考。凌氏认为古书中可与史文互相印证、互相发明的地方，也都摘录在上栏里。这些典籍包括了先秦诸子、《风俗通》《白虎通》《越绝书》《说苑》《新序》《论衡》《韩诗外传》等。这对于研究《史记》与原始材料的相互关

凌稚隆《史记评林》，1998 年天津古籍出版社影印明万历年间李光缙增补本书影

系省去了查找资料的繁琐劳动，至为方便。凌氏还对史注均作校勘，许多考订有独到见解，不仅胜过明柯维熊本，而且许多地方不比南宋本差。明陈仁锡的《史记评林》、清梁玉绳的《史记志疑》都是依据凌本。由于有上述特点，凌本是评林本中的佳乘，影响很大。清光绪十年(1884)湖南刘鸿年翻刻本，对正文和注均作有补证。

3.《增补史记评林》一百三十卷

明李光缙增补。

增补本流传海外，日本曾五次刊刻：（1）永宽十三年(1638)；（2）延宝二年(1674)；（3）宽文十三年(1673)；（4）明和七年(1770)；（5）明治二年(1869)。朝鲜也有翻刻。泷川氏的《史记会注考证》大多取材于此。

4. 陈仁锡《史记评林》一百三十卷

明陈仁锡评，明崇祯元年(1628)刊。

此本特点有二：一是陈氏评论辞由己出，不录前人评论。陈氏评论对《史记》精神、司马迁旨意了解很深。对史实的评论有许多创见，对每篇的评论精当，甚为晚明学者所推重。嗣后葛鼎、金蟠刻《史记汇评》基本取陈说。二是陈本注重断句和校勘，较为实用。

5.《归震川评点史记》一百三十卷

归氏为桐城派文宗，他的评点为明清两代文章家所重视。“好古者照临一本，珍若拱璧。”[1]归氏评点本与评林本有区别。不取三家注，评语用双行小字夹于正文中。正文加圈点，钩玄文章意境。清方苞撰《史记评点》四卷，是归氏本的延续。

（二）其他评林本

1.《史记辑评》二十四卷

明邓以讚辑。

此本无三家注，评语浮泛。但刊刻较精，字画整齐。

2.《史记集解索隐正义》一百三十卷

明钟伯敬辑评。

此本任意删节三家注，评语无足采。

3.《史记》一百三十卷

明钱塘钟人杰刊本。此本专注文章评语。

4.《史记测义》一百三十卷

明陈子龙、徐孚远撰。

此本对史实、注文有不少订正发明之处，为清武英殿本考证所采择。

---

① 刘声木：《桐城文学撰述考》卷一，黄山书社，1989年。

5.《史记汇评》一百三十卷

明葛鼎、金蟠评。

6.《史记集评》一百三十卷

明崇祯间朱东观辑，朱氏家刻本。

7.《桐城吴先生点勘史记读本》一百三十卷

清吴汝纶点勘。

此本承归、方二氏之衣钵，圈点并加句读。

评林本创始于杨慎，推波于凌氏。然杨、凌二本可取精华者不少，嗣后评林峰起，大多空泛虚浮，很少有创新的观点和真实的学问。但评林对《史记》精意、司马迁思想的研究颇为重视，开辟了新途径，是值得注意的。

四、《史记》百衲本

《史记》的百衲本是清人辑宋本之残卷补以成完帙之本。“百衲”之义谓残卷补缀有如僧衣，故名之。因为宋刻《史记》即使是断简残篇也很珍贵，把各个残本汇集起来，凑成一部完书，称为百衲本《史记》。

最早的一部百衲本《史记》是清代钱曾（字遵王）汇集而成的。他在《读书敏求记》中说：“余藏《史记》有四，而开元本亦其一焉。今此本乃集诸宋版共成一书，小大长短，各种咸备。李沂公取丝铜之精者杂缀为一琴，谓之百衲，予亦戏名此为《百衲本史记》以发同人一笑焉。”但此本未流传下来。

傅增湘《藏园群书题记》说：“大兴朱笥河有百衲本《史记》，刘燕庭家亦有之。”朱本不传。刘氏原刻亦不存，有清宣统三年（1911）贵池刘世珩玉海堂影印本、上海涵芬楼影印本二种。涵芬楼本较玉海堂本为佳。

目前留存下来而能见到的是清宣统三年(1911)贵池刘世珩玉海堂影印本和上海涵芬楼影印本。刘氏百衲本包括宋刻四种：1. 南宋绍兴初年杭州翻刻的北宋《史记集解》残本，即与1955年文学古籍刊行社影印的十四行本同，在百衲本中有七十五卷；2. 北宋景祐年间刻本《史记集解》残本，为十行本，计存十九卷；3. 南宋《史记集解索隐》合刻本残本，计存十卷，此本未见单行，亦未见藏书家著录；4. 南宋乾道七年蔡梦弼《史记集解索隐》合刻本，计存二十六卷。四种合计为一百三十卷。

上海涵芬楼影印百衲本《史记》书影

刘氏百衲本影印本各大图书馆均有藏。

五、《史记》的通行版本

这里所说的通行本是指正史系统的官私刻本。宋元刊本多已不传。保存下来的正史系统原刻本有：

（一）明汲古阁本十七史；

（二）明南北监本二十一史；

（三）清武英殿本二十四史，广东新会陈氏翻武英殿本，湖南宝庆三味堂翻殿本，四川成都局翻殿本；

（四）五局合刻二十四史；

（五）清末石印二十四史本，同文书局本，竹简斋本，涵芬楼本；

（六）晚清活字二十四史本，图书集成本；

（七）民国商务印书馆影印百衲本二十四史；

（八）商务四部丛刊本二十四史，丛书集成本二十四史；

（九）中华书局四部备要本二十四史；

（十）开明书店缩印本二十五史。

上述通行本中汲古阁本《史记》、武英殿刻本《史记》、五局合刻金陵本《史记》是三大善本，其中武英殿本最流行。殿本以明监本为底本，校以当时所得善本，附以考证，参与工作者有张照、杭世骏、齐召南等。金陵本为金陵局所翻汲古阁本为底本又经张文虎参酌多本精校，号晚清善本。

（十一）中华书局标点本《史记》一百三十卷。

此本是新式点校的唐代三家注合排本，1959年初版，竖排繁体字印刷，分为10册，235万字。《史记》版本定型于唐代三家注，而奠基于南朝宋裴骃《史记集解》①。点校本《史记》的出版，是学术界继唐代三家注定本以来最精善的一次整理，集千余年来学术研究之大成，在《史记》版本校勘学研究发展史上，是一个重要的里程碑。

点校本《史记》，以清同治年间金陵书局刊行的《史记集解索隐正义》合刻本为底本，这就保证了迄今为止《史记》校勘的最佳质量。因为金陵书局本经晚清著名校勘学家张文虎与唐仁寿校订。张、唐二人根据钱泰吉的校本，博采宋元明清诸善本汇校汇考，又采择梁玉绳《史记志疑》、王

① 参阅裴氏《史记集解序》与《四库全书提要》。

念孙《读书杂志》、钱大昕《史记考异》等书成果，详为校刊，考其异同，世称善本。点校本在此基础上参考凌稚隆的《史记评林》、吴见思的《史记论文》、张裕钊校刊的归方评点本和吴汝纶点勘本等的句读，对《史记》原文和“三家注”作了全新的断句、标点和分段整理，是最便阅读的读本。此本有两大特点。第一，分段精善。一般是每事一段。但为了避免琐碎，凡事情简易、文字短小者，数事合为一段。反之，一个大事件，文字很长，则按事件发展的波澜分成若干段。如《项羽本纪》的“鸿门宴”一节就分为四段。分段精善，使史实内容条理清晰，线索分明。第二，技术处理合理。为了段落之间眉目清楚，根据段与段之间的不同联系作了不同的技术处理。凡大段之间空一行。二人以上合传，关系密切的叙完一人事迹接续一人事迹时空一行；关系不密切的，人物之间空两行；附传人物为一组，之间不空行。正文中的大段引文如《秦始皇本纪》和《陈涉世家》所引《过秦论》，以及后人增补的文字如《张丞相列传》《郦生陆贾列传》所附增窜文字均另起一行，低两格以示区别。年表部分，在书眉上标注了公元纪年，又在《十二诸侯年表》《六国年表》《汉兴以来诸侯王年表》的双页码的左边加上国名标尺，阅读和考证都十分方便。在《史记》正文中，将张文虎特别喜欢保存的古字都改成今体字，改回避讳的缺笔字，版刻异体字改作现在的通行字。对“三家注”，则用小号字分条排列于各段正文之后，标注号码对应。《史记》经过这样整理以后，具有很高的学术价值，具备了新的时代风貌，有利于统一《史记》学习和研究者的“语言”，不仅给广大读者提供了精善的读本，也给专门研究者提供了完善的引证本。这一成果，也为我国古籍整理作出了有典范意义的重要贡献。

2013 年，中华书局又出版了点校本的升级版《史记》修订本，并于

2013 年 10 月 19 日在全球同步首发，从此海内外广大读者有了一部更好的《史记》标准本。修订本在继承点校本《史记》全部学术成果的基础上做了两大修订工作。一是对底本讹、脱、衍、倒所做的校改，出了校勘记达 3400 余条；二是订正了原点校本标点讹误，使《史记》文本更加精善。

中华书局点校本《史记》修订本书影

第八章　司马迁在世界文化思想史上的地位和影响

1956年，联合国教科文组织列司马迁为世界文化名人，当之无愧。《史记》流传海外已过千年，现当代更是日益走向世界。司马迁与他同时代西方最伟大的历史学家希罗多德和传记作家普鲁塔克比较，不仅毫不逊色，而且在史家、史识及其创作的规模体制上，都要强于希、普二氏。司马迁是中国的，也是世界的一位文化巨人，在人类文化思想史上应享有崇高的地位。本章分为三个节目来谈。

一、《史记》在国外的流传

由于种种原因，我们对于《史记》在国外的流传情况及其研究，了解不多。近年来有零星的著述出现。值得介绍的是，青年学者覃启勋出版了《史记与日本文化》[①]，系统地介绍了《史记》在日本的流传情况及其影响，填补了学术空白。张新科、俞樟华二人所著《史记研究史略》一书[②]，写了《国外史记研究概述》一章，也作了简略介绍。这里据二书提供的资料，撮述其要。

① 覃启勋：《史记与日本文化》，武汉大学出版社，1989年。
② 张新科、俞樟华：《史记研究史略》，三秦出版社，1990年。

据中国史籍记载，在魏晋南北朝时，《史记》已流传到国外，首先是毗邻的朝鲜半岛。李延寿《北史·高丽传》和《旧唐书·高丽传》都记载了《史记》与中国的《五经》及两《汉书》等汉籍传播到朝鲜半岛，备受当地人的喜爱。据韩国《出版杂志》1988 年 2 月 5 日介绍，汉城大学人文科学研究所出版的汉学家李成珪的《史记》抄译本，收入《大学古典丛书》，列为大学生的基本阅读书，这在国外是不多见的。

《史记》在日本流传最广。据覃启勋的考证，《史记》是在公元 600 年至 604 年之间，由日本圣德太子派出的第一批遣隋使传入日本的，并立即在政坛上产生影响。明清之际，是《史记》东传日本的黄金时代，不仅数量大，而且品种全。《史记》全本、选本、各种注本及工具书，无所不包。

《史记》传入日本后，受到社会各界的极大重视，在政治、教育、史学、文学等各个方面都产生了巨大的影响。

在政治方面的影响。公元 604 年，日本圣德太子颁布《宪法十七条》，引进了《史记》蕴含的儒学义理及封建大一统思想，为公元 605 年的“大化改新”奠定了理论基础。圣德太子认为日本国君称“大王”已不合时宜，而从《史记·秦始皇本纪》中移用“天皇”的称号加给了推古天皇，从此，历代天皇成了日本民族的象征和日本民族内聚的核心。天皇神权制度的建立是深受《史记》所载天人感应思想影响的。据日本《正斋书籍考》《三代实录》《日本纪略》以及《扶桑略记》等史书的记载，推古天皇以降，历代天皇都有攻读《史记》的风气。著名的明治天皇就特别喜欢读《史记》，他每逢二、七为专攻《史记》日，所用课本为鹤牧版之《史记评林》。此外，为了培养大批了解外国的政治人才，日本朝廷曾将数百“传生”组织起来攻读《史记》等“三史”。与此同时，日本皇室还经常将《史记》作为赐品恩赐给政府库，以供政府之文武百官学习研究。

在教育方面的影响。明治以前，《史记》是宫廷教育和藩校重要的教学科目，明治以后普及于大、中学校。圣德太子就是精读《史记》的人。由于宫廷教育对《史记》的重视，使得许多朝廷官员也雅爱《史记》，不仅能理解《史记》所述义理，而且取材《史记》题诗作赋。到了奈良、平安时代，《史记》不仅是宫廷教育的必修课，而且是日本“纪传儒”的必读书。在室町、江户时代，《史记》更是日本政治家普遍爱读之书。著名的培养武士的足利学校和幕府所属各藩校都把《史记》等汉籍定为必修的教学科目。日本中世纪武家教育对《史记》的重视，说明已在教育上普及于中层。明治以后，《史记》已普及于广大社会。日本人学习《史记》很重视对实际知识的吸收。政治家吸收《史记》蕴含的儒学义理，士庶百工重视具体知识。例如医学家们就把《扁鹊仓公列传》列入必读之书，从中吸取医药学知识。总之，《史记》在教育上对日本朝野各阶层产生了重大影响，以至于僧侣研读《史记》，产生了桃源瑞仙这样的《史记》研究高僧学者。

在史学方面的影响。《史记》传入日本是中国史学传入日本的标志，在此之前，日本尚无自己的国史和史学。日本第一部国史《古事记》、第二部国史《日本书纪》先后于公元712年、720年完成，这两部书虽然都是编年体，但都直接受到了《史记》的影响。从时间上比较，日本国史是在《史记》传入一百多年以后才产生的，无疑是受《史记》启发而作的。从名称上比较，《古事记》与《日本书纪》两书的得名，与《史记》直接有关。中国第一部正史《史记》用“记”，第二部正史《汉书》用“书”，故日本第一部国史《古事记》用“记”，第二部国史《日本书纪》用“书”

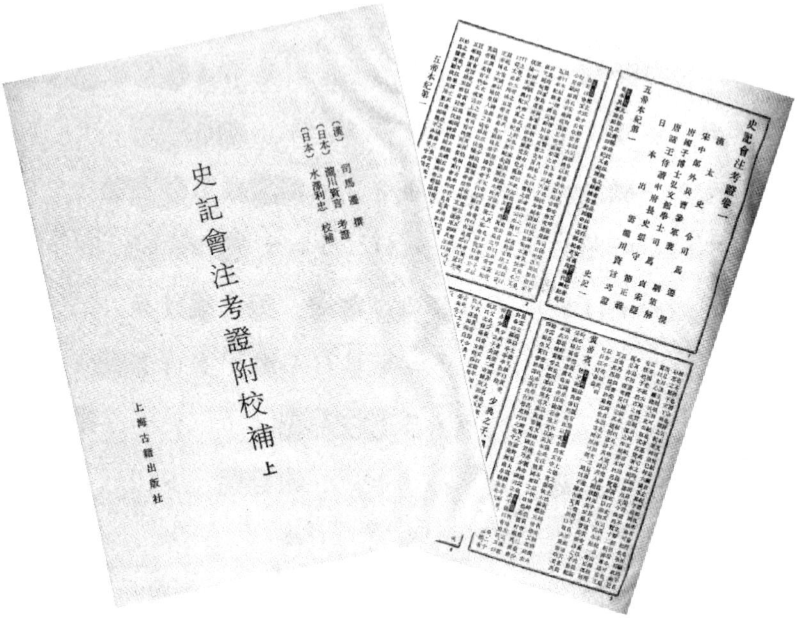

日本泷川资言《史记会注考证》，水泽利忠《校补》，上海古籍出版社 1986 年影印本书影

之名，仿照痕迹至为明显。《日本书纪》原名《日本书》，该书体例仿《史记》撰写“纪”“传”“世家”“志”“表”，因只写成了编年的帝王本纪，故于“书”之后加注小字“纪”，而为《日本书纪》，传抄而成《日本书纪》。从内容上比较，《古事记》是集日本太古神话大成的史书，《日本书纪》也以神话传说开篇，这些都是依仿《史记·五帝本纪》以神话传说为述史开篇的重要例证。在记述情节上也有取资于《史记》的例证。比如《五帝本纪》有“汤汤洪水滔天，浩浩怀山襄陵”的传说，而在《古事记》中也有“这个漂浮着的国家”的上古洪荒记载。日本学者津田左右吉先生在研究《古事记》的“物语”时，认为仁德天皇都宇治稚郎之子相互让位的故事，再现了吴太伯与伯夷叔齐的故事。由上所述，《史记》开启日本史学，

其影响是无可估量的。

在文学方面的影响。首先，《史记》传入日本以后，促使了日本记纪文学的产生。记纪文学是日本古典文学的重要组成部分。《古事记》与《日本书纪》就是日本记纪文学的代表作。在《史记》对这两部著作产生史学影响的同时，也产生了文学影响，可以说这也是《史记》本身的性质与价值决定的。其次，日本著名古典文学《源氏物语》与《史记》有着重要的渊源关系。该书写成于 11 世纪，作者紫氏部自幼受到良好的家庭教育，系统地学习了《史记》，因此，在后来的写作中，能像司马迁作《史记》一样广泛取材，精心制作故事，反映社会实态，并使作品充分显示出富于感情、善于描写和趋于自然的特色。作者还大量引用《史记》的文辞典故，甚至将《史记》中戚夫人的形象灵活地移植于《源氏物语》中，塑造了一位与之相类的桐壶皇后，进而通过细腻的构思和语言，揭示了当时日本社会的真相和复杂矛盾。第三，《史记》在日本汉诗领域地位显著。日本汉诗，指用汉字所写律诗，其中咏史诗大都直接取材于《史记》及司马迁的经历。

《史记》在日本产生重大影响，自然有主客观的原因。主观因素是《史记》本身的价值所决定的。日本学者对《史记》取得的文史成就有很高的评价。如冈本监辅说："《史记》上补《六经》之遗，下开百史之法，具体莫不兼该，其文章变幻飘逸，独步千古。"对《史记》的史学和文学总成就作了肯定的评价。长野确称赞《史记》为"良史"。斋堂正谦评价《史记》文章为"群玉圃""连城之宝"的"绝佳"之作。日本诸多学者的评论，不一一具引。客观因素有两个方面，一是政治影响，日本上层社会从皇室到臣僚都极为重视《史记》，世风所及，被于众庶。二是日本汉学界研究《史记》取得重大成果。据初步统计，日本历代以来研究《史记》的

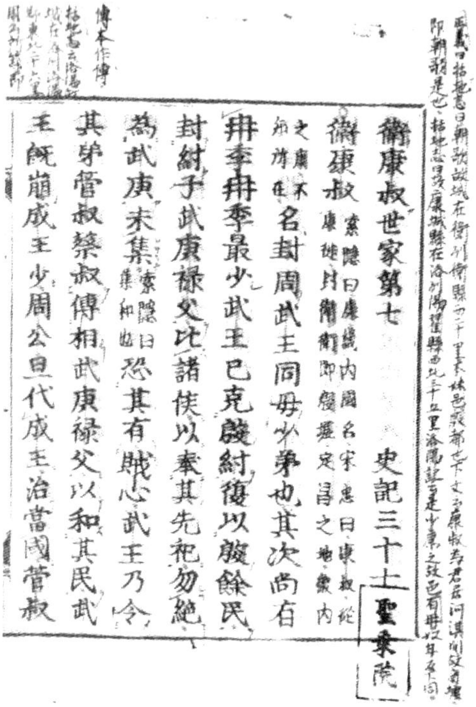
衛康叔世家第七　史記三十七
衛康叔（索隱曰康畿内國名宋忠曰康叔從康徙封衛衛即殷墟定昌之地畿内之康不知所在）名封周武王同母少弟也其次尚有
冄季冄季最少武王已克殷紂復以殷餘民
封紂子武庚祿父比諸侯以奉其先祀勿絶
為武庚未集（索隱曰集和也）恐其有賊心武王乃令
其弟管叔蔡叔傅相武庚祿父以和其民武
王既崩成王少周公旦代成王治當國管叔

日本群马县立文书馆藏小此木家本庆长宽永八行无界本《史记》书影。界外的“添写批注”为“《正义》佚文”

名家有近160人，研究的专著较重要的有近200种，至于单篇的论文则不胜枚举。在日本学术界有一支实力强大的《史记》研究队伍，历史悠久。就近现代而言，泷川资言、水泽利忠、宫崎定市、野口定男、加地伸行、池田四郎次郎、池田英雄等就是知名的《史记》研究专家。

日本学者研究《史记》，具有很多可资借鉴的地方。第一，重视《史记》的和译，普及工作做得很有生气。据日本资料记载，著名僧人、学者桃源瑞仙于文明年间（1464—1487）亲手写成《史记桃源抄》十九卷，这是日本最早的“国字解”《史记》。日本大正十四年（1925）五月五朋堂书店出版了琢本哲三的《对译史记》，将原文与译文对举，极便阅读。据不完全统计，日本的《史记》全译本和选译本有近百种之多。诸多和译的本子，为广大不通汉语的日本民众学习《史记》创造了有利条件。第二，重视原文训诂与校勘。这方面集大成的工作，不能不首推泷川资言的《史记会注考证》及水泽利忠的《校补》。这两部书传到国内，对中国学者研究《史记》也有很大的帮助。第三，突出人物传记，研究文史并重。这里所说的人物传纪包括《本纪》《世家》《列传》三个部分。日本的普及读物《中国古典名著解说》在介绍《史记》时就详于人物传记而略于书表，并称誉《史记》是“探求人类历史的名著”。专家著作如野口定男的《读史记》，全书十五篇论文，第一部分三篇为总论，第二、三两部分凡十二篇论文，只有一篇论表，而有十一篇论人物传记。第四，长于资料汇集。资料汇集是科学研究的基础。日本学界在《史记》研究方面之所以取得丰硕成果，是与日本学者注重资料汇集密不可分的。这方面，我们国内的工作显然有差距。

上述日本学者研究《史记》的特点，许多方面值得我们借鉴。特别在资料汇集上，有两部名著值得介绍。

其一，《补标史记评林》，这是一个汇评读本。是书成于1884年6月，辑评者有井范平。我国明代学者凌稚隆的《史记评林》汇集了由晋至明的150家评论，引用书目达140余种，后又经李光缙增补，内容更为丰富，几乎将明以前评论《史记》的零散文章都搜集在一起了，为读者阅读和研究提供了大量的资料，在明清时代备受读者欢迎。是书传到日本以后，有井范平以为不足，再次作了增补，除订正谬说外，补充凌氏的遗漏以及大量清人评论，称《补标史记评林》。有井范平本人也加了不少按语，侧重于《史记》文章的艺术评论。如有井氏评论司马迁写项羽、高祖两个人物说：“《项羽纪》奔腾澎湃，《高祖纪》汪洋广阔，笔仗不同，各肖其人，可谓文章有神矣。”又如评苏秦、张仪二传说：“史公作传，每一人用一种笔仗，至苏、张二传，笔仗相配，机调又相合。苏传有苏代附传，张传有陈轸附作，是笔仗相配也。二传纵横变化，极写精神态度者，亦相似，是机调相合也。盖史公胸中早知以苏、张为反复一流之人也。”这些评论指出了司马迁写人艺术笔法多变，是很中肯的。

其二，《史记研究书目解题》，池田四郎次郎和池田英雄父子合著，1978年10月由日本明德出版社出版。全书分版本、总说、校订注释、校勘、文字、音韵、文评、佳句、名言、史汉异同、太史公年谱、地理、国字解、稗史、史记研究关连图、附录等十六个部分，对600多种《史记》研究的有关著作作了题要介绍。该书将中日两国的《史记》版本，《史记》注疏，《史记》研究专著、工具书，以及涉及《史记》的论著如顾炎武《日知录》、章学诚《文史通义》、梁启超《中国历史研究法》及《要籍解题及其读法》等都包举于一编。其书规模之宏大，体例之专精，涉猎之广博，收书之宏富，远远超过我国同类著作，有很高的学术价值。日本学者可通过该书了解我国一千多年来《史记》研究的基本成就和发展变化；同时中国学者也可通过该书了解日本学者的研究成果。该书著录日本学者的《史记》研究论著有190多部，成就斐然。从题评看，日本学者的论著内容丰富，形式多样，有的是选读，如安滕定格的《史记读本》、田中庆太郎的《史记读本》及《幻云史记抄》等；有以辨误为主的，

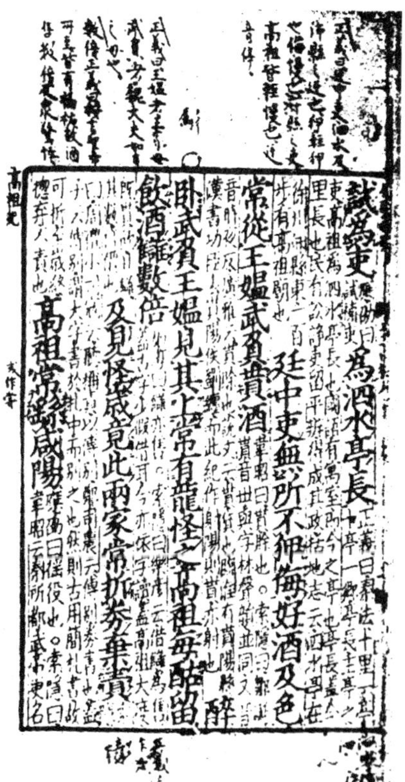

日本上杉隆虑氏藏幻云南化本（南宋庆元黄善夫刻本）《史记》书影。界外“添写批注”为“《正义》佚文”

如恩田维周的《史记辨疑》、古贺煜的《史记匡谬》等；有以辑遗为主的，如水泽利忠的《邹诞生史记音佚文拾遗》《刘伯庄史记音义佚文拾遗》《陆善经史记注佚文拾遗》等；有以考证为主的，如龟井昱的《史记考》、大岛贽川的《史记考异》、冈本保孝的《史记考文》、泷川资言的《史记会注考证》、水泽利忠的《史记会注考证校补》等；有以评论为主的，如三岛毅的《史记论赞段解》、竹内照夫的《司马迁史记入门》等；还有以翻译为主的，如本哲三的《对译史记》，加滕繁、公田连太郎合著的《译注史记列传》，小竹文夫的《现代语译史记》等；此外，还有以研究版本为主的，如冈本保孝的《史记传本考》、池田四郎次郎的《史记的版本和参考书》、水泽利忠的《史记古本考》等等。我们国内的论著，几乎都能流传到日本，而日本学者的大多数论著没有能被引进到国内来，这不能不说是一个遗憾。我国学术界和出版界是需要作出一番努力的。

在国外《史记》研究中，前苏联人民也很重视司马迁和《史记》，一些学者在研究中国古代史和中亚西亚各民族的时候，广泛地运用《史记》这部不朽著作的资料。在前苏联的一些大学中，研究中国历史和中国文学的学生都选了《史记》这门课程。前苏联汉学家科学院院士阿列克塞耶夫曾翻译了司马迁的许多著作。国立文学出版局出版了司马迁的选集。1955年12月22日，前苏联学术界在莫斯科举行盛大晚会，纪念伟大的史学家和文学家司马迁诞生二千一百周年。1955年12月27日《光明日报》发表了学者雅·沃斯科波依尼科夫写的报导。从这篇报导中，我们可以了解前苏联学者对司马迁的《史记》的重视和评价。前苏联科学院通讯院士古别尔在开幕词中称赞司马迁是“中国的第一个历史学家、最伟大的文学艺术家和古代中国的一位卓越学者的《史记》的编辑者”。历史学硕士图曼在会上发表了长篇的学术报告，生动地叙述了司马迁的生活道路和创作情况，高度评价了司马迁的学术地位，认为“司马迁真正应当在大家公认的世界科学和文化泰斗中占有重要的地位”。

在西方国家，美、英、德、法、波兰等国的汉学家也对《史记》很感兴趣。美国汉学家瓦特逊著有《司马迁传》，罗切斯特大学魏汉明教授正在选译《史记》。英、德汉学家也翻译过《史记》中的名篇。法国汉学家沙畹曾把《史记》从《五帝本纪》到《孔子世家》这些篇章译成法文，并加以注释，这在法国是一个有影响的读本。法国还出版了法籍华人学者左景权先生的《司马迁评传》。1980年代，法国巴黎还成立了《史记》研究中心，这是国际上第一个专门的《史记》研究机构，它对法国汉学家们研究《史记》，起了很好的组织推动作用。

世界各民族所创造的具有世界意义的伟大文化珍品，既是一个民族的文化财富，也是整个人类的文化财富，因此是没有国界的。《史记》不仅是中国古代文化宝库中的艺术珍品，也是世界古代文化园地里的奇葩。1956年司马迁被列为世界文化名人，既是中华民族的骄傲，也是全人类的骄傲。随着现代科学文化的进步，文化交流的加强，世界各国人民研读《史记》和尊敬司马迁的人越来越多，研究司马迁和《史记》将进入一个新阶段。1979年，我国外文出版社出版了英文版《史记选》，也为外国朋友阅读《史记》提供了方便。

二、司马迁与希罗多德和普鲁塔克

中国从春秋战国到秦汉大一统，文化思想界从百家争鸣到司马迁时代的儒学独尊，产生了许多思想家、文学家和历史学家，司马迁是一位杰出的代表。西方世界与东方中国对应而文化学术最发达的国家和地区，只有古希腊可与东方媲美。从公元前5世纪到公元1世纪，古希腊文化产生的各学科大师也是群星灿烂。伟大的历史学家有希罗多德和修昔底德，传记作家有普鲁塔克。本题研讨司马迁与希普二氏之比较，对于定位司马迁在世界文化思想史上的地位和影响是很有意义的。

1. 司马迁与希罗多德

希罗多德，古希腊历史学家，约生于公元前484年，卒于公元前425年，享年60岁，与司马迁一生（前145－前86）年岁相仿，早于司马迁三个世纪。希氏所著《历史》在西方有“历史之父”的美誉。司马迁所著《史记》，前苏联大百科全书称之为“中国史学之父”。司马迁和希罗多德是东西方两个最伟大的历史学家。前者的著作奠定了中国史学的独立地位，后者的著作奠定了西方史学的独立地位。

（1）希罗多德的经历。公元前484年，希罗多德出生在小亚细亚哈利卡纳苏城一个奴隶主贵族家庭。他从小受到系统的教育，勤奋好学，博览群书，尤其酷爱史诗，对荷马、梭伦、埃斯库洛斯等希腊古代名家有深入的研究，这为日后成长为一个伟大的历史学家打下了坚实的基础。希罗多德叔父帕息斯是一位著名的诗人，公元前461年因反抗僭主暴政被杀头，时年23岁的希罗多德受牵连遭流放到萨摩斯岛，8年后才重返故乡。重获自由的希罗多德，时年30岁，时间在公元前454年。随后希罗多德离开故乡，开始了长达8年的四处漫游。希氏在西亚、北非、希腊半岛、地中海沿岸等古代欧亚非西方世界广大地区留下了自己的足迹。东方，希罗多德到了腓尼基、叙利亚、巴比伦，以及波斯帝国的腹地，两河流域的发达文化让希氏徘徊流连。南方，希罗多德到了埃及、北非。他沿尼罗河而上，考察尼罗河长期泛滥的原因。埃及宏伟壮丽的金字塔让希氏折腰陶醉。北方，希罗多德到了黑海北岸的西徐亚、色雷斯、马其顿等国。希罗多德的渊博学识吸引了马其顿王家大臣与之交游，加深了希氏对当时政治的了解。西方，希罗多德到了意大利半岛南部，他对繁荣的西西里岛赞不绝口。公元前 447 年，38 岁的希罗多德来到雅典，雅典的民主政治和兴盛的文化深深吸引了希罗多德。希氏在盛世的文化氛围中开始了《历史》的写作。经过 18 年的努力，公元前 430 年，《历史》正式发表，全书共九卷。希氏完成《历史》，时年 54 岁。

（2）《历史》的内容和编纂方法。希罗多德的《历史》全称《希腊波斯战争史》，核心内容是反映公元前 5 世纪上半叶希波战争这一历史变革的大事件。希波战争是以雅典为核心的希腊城邦和波斯帝国之间的战争。公元前 500 年，小亚细亚沿岸最大的希腊城邦米利都起兵反抗波斯的统治，

希罗多德《历史》所写公元前 480 年希波战争萨拉米斯海战场景

拉开了希波战争的序幕。公元前 493 年米利都反抗失败，城邦被毁。

公元前 492 年，波斯大举进攻希腊本土，战争持续绵延了 43 年，直到公元前 449 年，雅典派富豪卡里阿斯到波斯首都苏撒订立和约，史称《卡里阿斯和约》，波斯承认小亚细亚希腊各城邦独立，决定退出爱琴海，希波战争结束。43 年的希波战争分为两个阶段，从公元前 492 年到公元前 479 年的 14 年为第一阶段，波斯三次大举进攻希腊，三次惨败，波斯被逐出巴尔干半岛，雅典已经赢得了战争的全胜。从公元前 479 年到公元前 449 年的 30 年是雅典的扩张，波斯被逐出了爱琴海。《历史》记述的希波战争到公元前 479 年为止。波斯三次入侵希腊的战争，第一次在公元前 492 年，第二次在公元前 490 年。这两次入侵都是波斯皇帝大流士发动的，他两次大举入侵均遭惨败。第三次希波战争在公元前 480 年，波斯皇帝薛西斯从水陆两路大举入侵，起初波斯军以众击寡赢得主动，薛西斯进入了雅典。但是海战波斯军战败，几乎全军覆没。薛西斯不敢逗留，率主力退回亚洲，公元前 479 年留在希腊本土的波斯军被肃清，小亚细亚各城邦获得独立。弱小的雅典打败了强盛而庞大的波斯帝国，是值得记述的历史大事件。波斯帝国从此走向衰落。

希氏《历史》的创作有以下三大特点，从而奠定了希氏“历史之父”的地位。

第一，着眼世界范围研究历史的方法。希氏《历史》九卷，其中只有后五卷写希波战争，前四卷及第五卷前 20 节，有两卷写亚述、巴比伦和波斯，一卷专述埃及，此外一卷多记述欧亚草原地带的斯基泰族。由于希罗多德要探索战争的起源并介绍希腊及邻国的历史文化，所以突破了狭隘的地域，尽可能记述他所知的世界范围的历史，内容包括希腊诸岛、西亚、北非、黑海沿岸、地中海中部的意大利和西西里岛等地区。《历史》以希波战争为主要内容，不只是空间扩展，而且时间上溯希波战争以前的希腊、波斯的社会及人文历史，诸如民族分布、经济生活、政治制度、风土人情、宗教信仰、名胜古迹等丰富内容，为我们展现了古代亚非欧近 20 个国家和地区的民族生活图景，俨然是一部世界通史和百科全书。

第二，希罗多德有进步的历史观。他怀抱着满腔的热情，自觉地来写《希腊波斯战争史》，称颂雅典的民主自由，批判波斯的独裁专制，弱小的雅典战胜强敌波斯，正是民主自由战胜独裁专制的生动例证。希罗多德说："当雅典人蜷伏在暴君统治下的时候，他们一点也说不上有什么比其邻邦居民来得优越的地方；然而一旦挣脱了暴君的统治，他们就肯定地变得英勇盖世了。"由于"获得了自由，就人人竭其所能地争先效力，把国事当

古希腊雅典希罗多斯音乐堂

做自己的事了。"[①] 希氏还时常通过书中人之口，称颂民主，反对独裁。例如，他借书中人欧塔涅斯之口，主张废除独裁统治，说："在法律面前人人平等，因此我的意见废掉独裁统治，增加人民权力，一切事情必须取决于公众。"此外，希氏还主张各民族互相尊重和学习，他极力称扬希腊文化，但并不是希望中心主义者。希氏认为东方文明优于希腊文化的地方应予吸收。他肯定埃及的太阳历比希腊历法准确，埃及的几何学、量地法、建筑技术，巴比伦的日晷和计时法，腓尼基的文字等等，都给希腊带来积极的影响。

第三，开创了叙述体的纂史方法。希氏《历史》一改以往内容博杂、结构松散的记事特色，确立以历史事件为纲，全面记述史事的编纂体裁，对每一件事情都予以详细叙述，载其因果，记事系统连贯，史事来龙去脉清晰，系统性、丰富性、灵活性，成为西方极为盛行的体裁。

（3）司马迁与希罗多德之比较。如上所述，希罗多德的《历史》与司马迁的《史记》，两书的思想旨趣一脉贯通。共通的百科全书，进步的历史观，开创的历史编纂方法，就像是一对双胞胎。司马迁与希罗多德，远隔千山万水，而两人的史识见解，英雄所见略同。此外，还有以下的一些共通点。再列举三端。

其一，两人都是自觉的历史家。所谓自觉，系指史家以修史为己任，全身心投入，有明确的著书目的。司马迁承父志，效《春秋》著《史记》，以"网罗天下放失旧闻，考之行事，稽其成败兴坏之理"，"述往事，思来者"，实现"究天人之际，通古今之变，成一家之言"。目的是完成一代大典，为后王立法，为人伦立准则，成为一部人伦道德教科书。希罗多德的著述目的，《历史》开宗明义指出："在这里发表出来的，乃是哈利

① 《历史》，商务印书馆，2005年。

卡纳苏斯人希罗多德的研究成果。他之所以要把这些研究成果发表出来，是为了保存人类所达成的那些伟大成就，使之不致因为年代久远而湮没不彰，为了使希腊人和异邦人的那些可歌可泣的丰功伟绩不致失去其应有的光彩，特别是为了要把他们之间发生战争的原因记载下来，以永垂后世。”两人的著述目的，旨趣相同，保存历史，志古自镜，探索历史演变的原因。

其二，取材宏富，记事实录，重视史料的考订和批判工作。《史记》记事实录，众所周知。希氏《历史》，前四卷有闻必录，有些地方失于轻信，后五卷叙事严谨可靠。同一历史事件，史料有多种来源，司马迁两传存疑。希氏记事，有的传闻也是记史存故，未必为信史。希氏特作交待说：“我的责任是报道人们所说的一切，但我自己并不一定就相信这些事是真实的。”有时说：“这可能是真实的”，或者说：“我不知道是不是真有其事。”这样的“声明”，书中俯拾皆是。希氏记载这些他并不认为是真实的传说，是作为存疑，并引为艺术手段，使自己的叙述生动活泼，色彩鲜明，引人入胜。

其三，《史记》与《历史》都是文史名著，既是史学，又是文学。两书文笔生动，清新华美，语言流畅而富有韵律。司马迁和希罗多德都做到了把严肃的科学历史内容与具有高度艺术性的表达方法相结合，可以说两人的历史创作都是用散文写成的史诗。

《史记》贯通的是三千年历史，《希腊波斯战争史》着重写的是一场战争，两书的博大思精不可同日而语，但希氏早于司马迁三个世纪，两人各自创作了精彩绝伦的一代大典。一个是东方文明的史学之父，一个是西方文明的史学之父，司马迁与希罗多德比较，不必分伯仲，两人是永远闪耀在历史天空上的一对双子星。

2. 司马迁与普鲁塔克

普鲁塔克，生于公元45年，死于公元120年，享年76岁，约晚于司马迁两个世纪。普氏是古罗马帝国早期的希腊作家。

（1）普氏的身世。普氏出生在希腊比奥提亚地区西北部一个小城镇洛涅亚的一个贵族家庭。祖父兰普利知识渊博。父亲奥托布通晓哲学、历史，而且是一个有名的传记作家。普氏出身书香门第，自幼恭承庭训，受到良好学术文化的熏陶。

古希腊哲人辈出的雅典学院

公元66年，普氏21岁，来到文化教育中心雅典，受业于柏拉图主义者阿摩尼，学习哲学、数学、历史学、修辞学，兼攻医学。此外，自修诗学、演说术、美术和音乐理论，以及当时的自然科学。

普氏访学雅典后漫游各地。他游历了许多希腊城邦，访问过埃及和小亚细亚，两次游历罗马帝国。普氏在游历中结识了许多文化精英，还有一些政要朋友。其中罗马皇帝图拉真的宠臣索希乌斯·谢涅齐奥给予普氏重大影响，两人过从甚密。通过索氏，普鲁塔克与图拉真和哈德良两朝罗马皇帝交往，教过图拉真哲学，做过哈德良的师傅。图拉真赏赐普氏执政官的荣衔，哈德良任命普氏做了三年亚该亚省省长。普氏一生担任过许多公职，特别是荣任德尔斐阿波罗神殿的终身祭司。但普氏无论处于怎样的高位，一生笔耕不辍，著述多达二百余种。《道德文集》就是普氏现存各种著述的合集，《名人传》是其代表作。

普氏与司马迁之比较，就是他的这部《名人传》可与《史记》比肩。《史记》与《名人传》是古代东西方最伟大的两部人物传记作品。美国大百科全书列名世界古代伟大的传记作家，司马迁第一，普氏位居其后第三。

（2）普氏的《名人传》。普氏《名人传》原名《希腊罗马名人平行列传》，意即《比较传记集》。全书 50 篇传记，其中 46 篇以类相从，分为 23 组。有 21 组是以一个希腊的名人与罗马的名人并列，后面附以名为《比较》的评论短文。还有两组，每组 4 传，一组是希腊人，一组是罗马人，后附以《比较》。在 50 篇之中另有 4 篇单个人物传记。这 4 个单传，可以看作是在整齐之中的变例。以上全书 50 篇，共写了 54 个人的传记，全都是帝王将相，即在政治上军事上叱咤风云的人物，而思想家、哲学家、诗人、科学家无一席之地。传记排列大体按时间先后，第一对传记是雅典的创立者提修斯和罗马城的创立者罗慕洛（公元前 9 世纪），一直写到公元 1 世纪的罗马皇帝加尔巴和奥托（两人都死于公元 69 年），包括大约一千年的历史。

普氏只写帝王将相，主旨是以人物传记形式写历史，把罗马皇帝与希腊国主并列评说，这是独特的研究方法与编纂方法。梁启超在《中国历史研究法》（外二种）中评论说：“（《名人传》）这部书的组织，虽然有些地方勉强比对，不免呆板，但从比对论列之故，一面可以发挥本国人的长处，亦可以针砭本国人的短处。两两对照，无主无宾，因此叙述上批评亦比较公平。”

（3）司普二氏比较之异同。司马迁与普鲁塔克分别生活在东西方两个社会制度完全不同的国家，两人相隔空间距离两万多里，时间距离两个世纪。但两人的经历和创作成果有许多共同点，其不同点是各自的特色。两人比较，可以带给我们许多启迪。

首先，两人经历有三大共同点。其一，司普两人都出生在书香门第之家，司马迁是史官世家，普鲁塔克是传记世家，学术文化厚重的家庭带给两人极高的文化修养。其二，两人在青年时代都游历了许多地方，接触广阔的社会，并且两人都跻身于统治权力的中心，与帝王将相交游。其三，两人都处于国家的极盛时代。司马迁一生与汉武帝相终始，是两汉的极盛时代，普鲁塔克生活在“罗马的和平”年代，宏阔昂扬的时代是产生伟大作品的背景。可以说，《史记》《名人传》两部世界顶级作品都是时代的呼唤产生的。两人经历的不同点，普鲁塔克出身豪门，一生顺利，这一优越条件影响普氏眼界只盯住上层，所写局限于帝王将相。司马迁出生于一般的中产之家，比普氏寒微得多，曾“耕牧河山之阳”，了解社会下层，晚年又受“腐刑”之祸，身遭危困而发愤著书，升华了《史记》主题。《史记》体大思精，囊括三千年历史，写尽社会人生百态，固然帝王将相是《史记》的主体，而社会各色人物，全方位纳入了《史记》，文学家、思想家、天文家，以及社会下层民工技术之人都在《史记》中有位置。内容的丰富性、全面性，《名人传》无法与《史记》相比。司马迁的识见与目光的深邃，都比普氏要高。

第二，《史记》与《名人传》比较，有五大共同点。其一，两书都以人物为中心载述历史，塑造典型人物，积累了写人艺术。其二，两书都是实录记事。其三，两书都充满激情，作者直抒评论。《名人传》后有《比较》的评论，《史记》篇后有“太史公曰”。其四，两书都创造了历史的比较研究方法。《名人传》的比较特点极其鲜明，此为普氏的一大创造，梁启超给予了高度评价。《史记》中有类传、合传，就是司马迁引入比较法创作的篇章。《鲁仲连邹阳列传》，两人不同时代，合于一传，司马迁在《太史公曰》明确交代说：“比物连类有足悲者。”比物连类就是比较法。其五，两书文采斐然。两书的区别点表现为两书各自的突出特点，主要有两个方面。《名人传》的比较方法比《史记》更为突出，此其一。《名人传》主旨是文学作品，全书只写传记；《史记》主旨是“究天人之际，通古今之变，成一家之言”，首先是历史，文学是第二位的，此其二。两书都是文史名著，普氏侧重的是文学，司马迁侧重的是历史。

三、司马迁在世界文化思想史上的地位和影响

司马迁把一生全部贡献给了《史记》。司马迁和《史记》是一个不可分割的名字。评价司马迁在世界和世界文化思想史上的地位和影响，也就是评价《史记》的地位和影响。《史记》是一部空前的历史巨著，也是一部杰出的传记文学名著，自成一家之言。也就是说，司马迁集史学家、文学家、思想家于一身，在中国古代史上是前无古人、后无来者的一位文化巨人，在世界古代史上也是罕见的天才。

1. 伟大的历史学家

作为历史学家，司马迁的《史记》被誉为“史家之绝唱”，在我国古

代史学史上树立了一座巍峨的丰碑。司马迁的创作，是对先秦史籍和文献做了集大成的总结，不仅给后来的史学发展提供了范例，而且开拓了广阔的领域，从而奠定了史学的独立地位，结束了史学的童年。司马迁成为中国历史学之父，《史记》成为两千年来传统史学的优秀楷模。

司马迁创立的纪传体被传统史学家奉为作史圭臬。唐代设馆修史，以《史记》开创的纪传体为“正史”，从此纪传史居于独尊地位一千余年。历代史学家踵其遗轨修成蝉联而下的列朝正史，从《史记》至《清史稿》积数有二十六种之多，四千零四十二卷，洋洋近五千万言，按各史的朝代序列完整无缺地保存下来，故学术界有中华民族全史之称。记事起黄帝讫大清，中华民族五千年悠久文化发展的规模体制，载述毕于此编，司马迁的首创之功，可与日月并垂悬。

《史记》的影响，远远不限于正史系列。司马迁开创的“通史家风”，为司马光、郑樵所继承，写出了《通鉴》《通志》。《史记》所创“八书”，《汉书》扩充为“十志”，为正史系列所继承。唐以后别支分出，发展成为各种典制体专史系列，贯通的有《通典》《通考》等所谓“十通”系列，断代的有历代《会典》《会要》系列。此外，经济史、学术史、地方史、少数民族史等专史领域，追本溯源，都由《史记》发其端。

2. 杰出的文学家

作为文学家，司马迁开创了散文叙事的传记文学，《史记》遗泽后世，成为历代文学大家和千万计读者学习、借鉴的典范。《史记》对后世传记文学、散文、小说、戏曲都产生了深远的影响。

《史记》对后世文学的影响，最直接的是散文。司马迁的散文成就，不仅代表了汉代文学的高峰，而且在散文发展史上，也起了承先启后的作用。

“唐宋八大家”是我国古典散文的杰出代表，他们反对六朝骈文，提倡古文，把《左传》《史记》当做旗帜。《左传》散文叙事有具体的过程，而且富有文学性，在散文史上是一个发展。但《左传》散文以记事为主，还缺乏人物形象的塑造，它又受到解经编年的限制，还没有充分发挥出散文完整叙事的特点。《史记》散文广泛吸收先秦诸子散文与《左传》《国语》《战国策》等叙事散文的特长，创造出《史记》独具的史传文学，把散文的发展推向了一个新的高峰。唐代古文运动的先驱者独孤及说：“荀、孟朴而少文，屈、宋华而无根。有以取正，其贾生、史迁、班孟坚云尔。”[①] 这是说司马迁的文章比荀子、孟子更富有文采，又没有屈原、宋玉“华而无根”的弊病，岂不是说司马迁文章比荀子、孟子、屈原、宋玉还要高一筹吗！从历史叙事的角度看，《史记》完整地叙述历史事件的发展过程，有个性鲜明的人物刻画，又广泛深刻地反映了社会生活，它远远地超越了《左传》。所以“唐宋八大家”提倡的古文运动，主要是学习、效法《史记》，追步司马迁，把《史记》文章当做古文典范来借鉴。“唐宋八大家”之后的明清评点家，尤其是清代桐城派古文家，更是把《史记》奉为古文正宗。这说明自宋代以后，《史记》对散文的发展，仍有巨大的影响。李长之先生有极精到的评述。李氏说：

> 司马迁的风格是丰富的，他的风格配合着内容而有变化……韩愈得了这种风格的一部分，是矫健；欧阳修得了这种风格的一部分，是唱叹。归有光学了他那在琐屑处传神，在平淡处抒情的

① 《全唐文》卷五百一十八梁肃《毗陵集后序》。

> 小巧。方苞学了他纪事文的有层次和干净利落处。一直到林纾，还用了司马迁的风格介绍了西洋资产阶级上升期的一些文学名著。这些人所得或大或小，或深或浅，但司马迁在散文风格方面的影响之大却可见了。①

从写人文学角度看，司马迁创造了史学与文学高度统一的传记文学，因此，《史记》不仅影响了后世史传、杂传的写作，也深深地影响后世小说和戏剧的创作。司马迁是人物形象创作典型化的奠基人。只要提起司马迁，人们的脑中就会浮现出屈原、魏公子、廉颇、蔺相如、项羽、刘邦、张良、韩信、樊哙、李广，以及荆轲、聂政、朱家、郭解等一系列人物的形象。司马迁“以文运事”的写人艺术，直接影响“因文生事”的后世小说，使中国小说具有不同于西方小说的独立特点。中国小说故事性强，开头结尾与情节结构都带有史传的特点，这是受《史记》影响的结果。反过来觉得《史记》若干人物仿佛就是生动的历史小说。

中国古典小说的发展主要有三个时期。一是六朝志怪小说，二是唐五代传奇，三是宋元明清的话本和通俗小说。各个历史时期的小说无不受到《史记》的深刻影响。

由上所述，在中国文学发展史上，司马迁是当之无愧承前启后的杰出的文学家。他创作的《史记》传记文学，具有多方面的文学价值，是中国古典文学中无与伦比的精品。

3. 卓越的思想家

作为思想家，司马迁具有崇高的人格和创新的精神。他的崇高人格和

① 李长之：《中国文学史略稿》第二卷，五十年代出版社，1954 年。

创新精神，主要表现在以下三个方面：一是忍辱负重，发愤著书，实现了“成一家之言”的理想；二是勇于探索和创新，创作了划时代的纪传体通史，用以稽其成败兴坏之理，志古自镜；三是严格地忠实于信实可靠的历史，不与圣人同是非。这些精神和品格，都是值得我们继承和发扬的。

司马迁忍辱发愤，实现了“成一家之言”的理想，为人们树立了以“立名”为核心思想的进步荣辱观和生死观，对后世也产生了深远的影响。北齐颜之推在《颜氏家训·名实》篇中说：“劝其立名，则获其实。且劝一伯夷，而千万人立清风矣；劝一季札，而千万人立仁风矣；劝一柳下惠，而千万人立贞风矣。”这是说，杰出人物的修身立名可以影响一代人的风气。在封建社会，个人的修身立名是一种积极进取的人生观。“青史留名”，不仅是古代一切志士仁人奋斗和追求的目标，而且深入人心，普通老百姓都懂得“青史留名”的深刻意义。南宋民族英雄文天祥在《过零丁洋》诗中曾写下了“人生自古谁无死，留取丹心照汗青”的壮烈诗句，至今仍是激励人们斗志的座右铭，可以说这就是司马迁名重泰山的“立名”精神。司马迁撰述《史记》获得了空前的成功，也正是“立名”信念推动的结果。明代柯维骐效法司马迁发愤修史，竟然自处宫刑，其行为固然可笑，但也说明了司马迁忍辱发愤的精神对后世产生的强烈影响。

作为思想家，司马迁的伟大更体现在他创作实践中的不断创新精神。司马迁非常尊敬他的父亲，也无限推崇孔子，但是他并不墨守父训和死抱经文。他的创新精神突破了父亲的规划和圣人的遗则。可以说，创新既是司马迁品格的集中反映，也是《史记》的最大成功。《史记》之所以是一部划时代的伟大著作，用最简练的语言来概括，就是前文第三章所说的，这部巨著从内容到形式都是划时代的创新。前面第三、四两章已对《史记》

的结构和丰富内容做了系统分析，这里再把司马迁创新的精神加以具体的罗列，至少可以条列以下十个主要的方面：

(1) 首创纪传体，形象地照映了封建社会的等级序列；

(2) 首创贯通古今的通史，建立了历史发展断限理论的年代学；

(3) 首创“太史公曰”的史论形式，提出了系统的史学理论；

(4) 首创经济史传，发展了古代朴素的唯物史观，意识到经济发展状况对社会历史起决定的作用；

(5) 首创军事史传，叙述了战争内容、系统地总结了古代的战争理论；

(6) 首创学术史传，辨章学术源流；

(7) 首创民族史传，提出了民族一统的思想；

(8) 首创各色人物的类传，全面地反映社会生活；

(9) 首创语译古文，使艰深古奥的语言通俗化；

(10) 首创历史传记文学，通称史传文学，把历史人物的实录塑造成为典型形象。

其他还可以罗列一些，例如首创礼、乐、历、卜等各种专题的文化史传，扩大了历史记叙的范围；首创《大宛列传》，载述外国史事，等等。

上述创新，总括成一句话，就是司马迁创造了百科全书式的“纪传体通史”。这不仅仅是史学发展史上的一次划时代的创新，而且在文学史和思想史上也树立了一座里程碑。从司马迁“立言”角度来看，五体结构的纪传体，乃是“一家之言”的表述形式；而贯通百家学说以建立统一的新思想体系，这就是“一家之言”的内容，其核心思想是稽其成败兴坏之理以志古自镜。因此，司马迁的思想体系不是思辨哲学，而是经世致用的总结历史经验，在述往事、思来者中形成“一家之言”。由于司马迁的“一家之言”融会贯通了百家学说，所以它是对“独尊儒术”思想体系发出的异端。这一异端思想，使司马迁突破了封建主义的正统和愚忠的思想束缚，敢于实录历史，讥刺君王，非议圣人，反对暴政，同情人民的苦难，并在《史记》中突出了重视人民力量的思想，这些就是《史记》的人民性思想成分。司马迁的“一家之言”是我国古代异端史学的优秀传统，是应该肯定的。

司马迁的鲜血和生命化成了《史记》，给华夏子孙留下了宝贵的文化遗产，他将永远值得人们祭奠！

登临司马迁祠的石梯大道

国家图书馆出版社简介

国家图书馆出版社，原名书目文献出版社，1979年成立。1996年更名为北京图书馆出版社，2008年改为现名。

本社是文化部主管、国家图书馆主办的中央级出版社。2009年8月新闻出版总署首次经营性图书出版单位等级评估定为一级出版社，并授予“全国百佳图书出版单位”称号。

建社三十年来，通过与各图书馆密切合作，形成了两大专业出版特色：一是整理影印中文古籍等各种稀见历史文献；二是编辑出版图书馆学和信息管理科学著译作，出版各种书目索引等中文工具书。此外还编辑出版各种文史著作和传统文化普及读物。